Fälle
Sachenrecht 2
Grundstücksrecht

2020

Oliver Strauch
Rechtsanwalt und Repetitor

ALPMANN UND SCHMIDT Juristische Lehrgänge Verlagsges. mbH & Co. KG
48143 Münster, Alter Fischmarkt 8, 48001 Postfach 1169, Telefon (0251) 98109-0
AS-Online: www.alpmann-schmidt.de

Strauch, Oliver
Fälle
Sachenrecht 2
Grundstücksrecht
5. Auflage 2020
ISBN: 978-3-86752-734-7

Verlag Alpmann und Schmidt Juristische Lehrgänge
Verlagsgesellschaft mbH & Co. KG, Münster

Benutzerhinweise

Die Reihe „Fälle" ermöglicht sowohl den Einstieg als auch die Wiederholung des jeweiligen Rechtsgebiets **anhand von Klausurfällen.** Denn unser Gehirn kann **konkrete Sachverhalte** besser speichern als abstrakte Formeln. Während des Studiums besteht die Gefahr, dass man zu abstrakt lernt, sich verzettelt und letztlich gänzlich den Überblick über das wirklich Wichtige verliert.

Ferner erfordern Prüfungsaufgaben regelmäßig das Lösen von konkreten Fällen. Hier muss dann der Kandidat beweisen, dass er das Erlernte auf den konkreten Fall anwenden kann und die spezifischen Probleme des Falles entdeckt. Außerdem muss er zeigen, dass er die richtige Mischung zwischen Gutachten- und Urteilsstil beherrscht und an den Problemstellen überzeugend argumentieren kann. Diese Fähigkeiten vermittelt Ihnen unser „Basiswissen **Methodik der Fallbearbeitung** – Wie schreibe ich eine Klausur?".

Nutzen Sie die jahrzehntelange Erfahrung unseres Repetitoriums. Seit mehr als 60 Jahren wenden wir konsequent die Fallmethode an. Denn ein **prüfungsorientiertes Lernen** muss „hart am Fall" ansetzen. Schließlich sollen Sie keine Aufsätze oder Dissertationen schreiben, sondern eine überzeugende Lösung des konkret gestellten Falles abgeben. Da wir nicht nur Skripten herausgeben, sondern auch in mündlichen Kursen Studierende ausbilden, wissen wir aus der täglichen Praxis, „wo der Schuh drückt".

Die Lösung der „Fälle" ist kompakt und vermeidet – so wie es in einer Klausurlösung auch sein soll – überflüssigen, dogmatischen „Ballast". Die Lösungen sind komplett **durchgegliedert** und im **Gutachtenstil** ausformuliert, wobei die unproblematischen Stellen unter Beachtung des Urteilsstils kurz ausfallen – so wie es gute Klausurlösungen erfordern.

Beispiele für die Gewichtung der **Punktvergabe** in einer Semesterabschlussklausur finden Sie hier:

bit.ly/2KQle2q

bit.ly/2mflRUJ

bit.ly/2zAPrys

Wir vermitteln in der Reihe „Fälle" die Wissensanwendung. Sie **ersetzt nicht die Erarbeitung der gesamten Rechtsmaterie** und ihrer Struktur. Übergreifende Aufbauschemata finden Sie in unseren „Aufbauschemata". Ferner empfehlen wir Ihnen unser „Basiswissen" für den erfolgreichen Start ins jeweilige Rechtsgebiet: verständlich dargestellt und durch zahlreiche Beispiele, Übersichten und Aufbauschemata anschaulich vermittelt. Eine darauf aufbauende Darstellung des Stoffes auf Examensniveau liefern unsere „Skripten". Sofern die RÜ zitiert wird, handelt es sich um unsere Zeitschrift „RechtsprechungsÜbersicht", in der monatlich aktuelle, examensverdächtige Fälle gutachterlich gelöst erscheinen.

Viel Erfolg!

INHALTSVERZEICHNIS

1. Teil: Das Grundstück und seine Bestandteile

Fall 1: Grundstückseigentum nebst Zubehör

Winzer W verkaufte Ende 2018 in notariell beglaubigter Form sein Weingut an den Sommelier S. Als man sich kurze Zeit später zum Zwecke der Eigentumsübertragung erneut beim Notar traf, vereinbarten W und S, dass etwaig erforderliche Grundbucheintragungen „schnellstmöglich" erfolgen sollen. Zugleich wurde für die Übergabe des Grundstücks der 01.04.2020 als fixer Termin vorgesehen.

Kurz nach der Eintragung besucht S in freudiger Erwartung im März 2020 das Weingut und sieht eher zufällig, wie W auf dem Weingut verwendete Traubenpressen abtransportiert. S ist schockiert. Schließlich benötigt er diese Pressen dringend für die Weinherstellung und ist daher der Ansicht, dass die Traubenpressen ja wohl „zum Grundstück" und damit ihm gehören.

Ist S Eigentümer des Grundstücks und der Traubenpressen geworden?

S könnte das Eigentum an dem Grundstück und an den Traubenpressen von W gemäß §§ 873 Abs. 1, 925 erworben haben.

I. Dazu müssten sich W und S gemäß § 873 Abs. 1 über den Eigentumsübergang am Grundstück **geeinigt** haben.

Die dingliche Einigung über den Eigentumsübergang i.S.d. § 873 Abs. 1 bezeichnet man gemäß § 925 als **Auflassung**.

Die Einigung (= **Auflassung**) muss gemäß § 925 bei gleichzeitiger Anwesenheit beider Teile vor einer zuständigen Stelle erklärt werden.

W und S haben sich vor einem Notar, der gemäß § 925 Abs. 1 S. 2 zur Entgegennahme der Auflassung zuständig ist, über den Eigentumsübergang geeinigt. Mithin hat W das Grundstück an S aufgelassen.

Folglich haben sich W und S gemäß § 873 Abs. 1 über den Eigentumsübergang an dem Grundstück geeinigt.

II. Ferner müsste die Änderung der Eigentumsverhältnisse gemäß § 873 Abs. 1 in das Grundbuch **eingetragen** worden sein.

Die **Eintragung** ist ein Staatsakt (Publizitätsprinzip). Sie richtet sich nach GBO, GBV und ergänzendem Landesrecht.

Indem S als neuer Eigentümer in das Grundbuch eingetragen worden ist, ist dies der Fall.

III. Des Weiteren müssten sich W und S **im Zeitpunkt des Vollrechtserwerbes**, also gemäß § 873 Abs. 1 grundsätzlich im Zeitpunkt der Eintragung, noch über den Eigentumsübergang **einig gewesen sein**.

Im Zeitpunkt der Eintragung der Eigentümerstellung des S in das Grundbuch waren sich beide über den Eigentumsübergang von W auf S einig.

Merke: Es kommt für die Merkmale **„Einig sein"** und **„Berechtigung"** <u>*grundsätzlich*</u> auf den Zeitpunkt des Vollrechtserwerbes, also auf den Zeitpunkt der Eintragung an.
Ausnahmen hiervon sind in den §§ 873 Abs. 2, 878, 892 Abs. 2 geregelt.

IV. Ferner müsste W zum Zeitpunkt der Eintragung zur Eigentumsübertragung **berechtigt** gewesen sein.

Zur Eigentumsübertragung ist nur der verfügungsbefugte Eigentümer oder der verfügungsbefugte Nichteigentümer, der vom wahren Rechtsinhaber zur Verfügung gemäß § 185 Abs. 1 ermächtigt oder aber gesetzlich verfügungsbefugt ist (*vgl. dazu Fall 9*), berechtigt.[1]

1 BGH NJW 2004, 365; Palandt/Herrler § 873 Rn. 11; Habersack Ex-Rep Sachenrecht Rn. 140, 143.

Als verfügungsbefugter Eigentümer ist W zur Eigentumsübertragung an dem Grundstück berechtigt gewesen.

Folglich hat S das Eigentum an dem Grundstück von W gemäß §§ 873 Abs. 1, 925 erworben.

V. Fraglich ist jedoch, ob S damit zugleich nach den §§ 873 Abs. 1, 925 auch das Eigentum an den Traubenpressen erlangt hat.

Das wäre gemäß §§ 93, 94 dann der Fall, wenn die Traubenpressen zu den wesentlichen Bestandteilen des Grundstücks zählen. Dann wären die Traubenpressen (für sich genommen) nicht „sonderrechtsfähig", sodass sie – hinsichtlich der Eigentumsverhältnisse – zum Grundstück gehören.

Die Traubenpressen sind jedoch weder i.S.d. §§ 93, 94 Abs. 1 in irgendeiner Weise mit dem Grundstück fest verbunden noch wurden sie zur Herstellung des Gebäudes (§ 94 Abs. 2) eingefügt *(vgl. dazu Fall 2)*.

Demnach sind die Traubenpressen keine wesentlichen Bestandteile des Grundstücks, sodass S nicht auf Grundlage der §§ 93, 94 das Eigentum an den Traubenpressen erlangt hat.

VI. S könnte das Eigentum an den Traubenpressen jedoch nach **§ 926 Abs. 1 S. 1** erworben haben.

Das ist der Fall, wenn es sich bei den Traubenpressen um **Zubehör i.S.d. § 97** handelt und wenn Veräußerer W und Erwerber S darüber einig sind, dass sich die Veräußerung auch auf das Zubehör erstrecken soll. Das bedeutet, dass es für den Erwerb von Zubehörstücken zwar einer Einigung i.S.d. § 929 S. 1 bedarf, aber eine Übergabe bzw. eine Vereinbarung von Übergabesurrogaten entbehrlich ist. Nach § 926 Abs. 1 S. 2 ist ein entsprechender Wille zur Eigentumsübertragung im Zweifel anzunehmen.

Inventar i.S.d. § 98 dient stets dem Zwecke der Hauptsache. Insofern soll § 98 die Anwendung des § 97 erleichtern.

Die Traubenpressen könnten demgemäß nach § 97 i.V.m. § 98 Nr. 2 Zubehörstücke des Grundstücks sein.

Sie sind bewegliche Sachen, die direkt auf dem Grundstück zur Weinherstellung benutzt werden. Sie ermöglichen und fördern bei zweckentsprechender Verwendung somit den Zweck der Hauptsache und stellen gemäß § 98 Nr. 2 landwirtschaftliches Inventar dar. Dies ist stets dem wirtschaftlichen Zwecke der Hauptsache zu dienen bestimmt und damit gemäß § 97 Zubehör.

Folglich hat S mangels Vorliegen einer die Vermutung des § 926 Abs. 1 S. 2 außer Kraft setzenden Vereinbarung neben dem Eigentum am Grundstück auch das Eigentum an den Traubenpressen gemäß §§ 873 Abs. 1, 925, 926 Abs. 1 S. 1 erworben.

S ist somit im Ergebnis sowohl Eigentümer des Grundstücks als auch der Traubenpressen geworden.

Fall 2: Wesentliche Bestandteile eines Grundstücks (Pavillonfall)
(BGH 10.02.1978 – V ZR 33/76, BGH NJW 1978, 1311)

Enkel E wird im Jahre 1990 von Oma O kraft testamentarischer Erbeinsetzung zum Alleinerben bestimmt.

Nach dem Tode der O im September 2019 stellt sich heraus, dass zu der Erbschaft ein großes und bislang unbebautes Grundstück gehört. Um seinen Freunden bei einer für Januar 2020 geplanten Gartenparty und auch darüber hinaus etwas bieten zu können, errichtet E auf dem Grundstück umgehend einen kleinen Pavillon. Hierzu befestigt er die einzelnen Aufbauelemente des Pavillons auf zuvor eigens gegossenen Betonfundamenten.

Schweren Herzens muss E die Party letztlich jedoch wegen eines bevorstehenden Orkans kurz vor dem geplanten Termin absagen. Darüber ist er so enttäuscht, dass er das Grundstück formgerecht an den Baulöwen B verkauft und übereignet.

Schon kurz nachdem der B als Eigentümer im Grundbuch eingetragen wurde, bereut E allerdings seine vorschnelle Entscheidung. Er verlangt von B daher zumindest Herausgabe des Pavillons.

Zu Recht?

E könnte gegenüber B einen Anspruch auf Herausgabe des Pavillons aus §§ 985, (986) haben.

Die dingliche Anspruchsgrundlage auf Herausgabe einer Sache ergibt sich aus § 985, der aber bei Bestehen eines Rechts zum Besitz i.S.d. § 986 nicht realisiert werden kann. Daher kann man z.B. in Klammern den § 986 in der Anspruchsgrundlage angeben.

Dazu müsste E als Anspruchsteller zunächst gemäß § 985 **Eigentümer** des Pavillons sein.

I. Ursprünglich war E Eigentümer des von ihm errichteten Pavillons.

II. Er könnte sein Eigentum daran allerdings gemäß §§ 873 Abs. 1, 925 durch Übereignung des Grundstücks an B verloren haben.

1. Die hierfür gemäß **§§ 873 Abs. 1, 925** erforderliche **Auflassung** von E und B ist erfolgt.

2. B ist daraufhin auch als neuer Eigentümer des Grundstücks gemäß § 873 Abs. 1 im Grundbuch **eingetragen** worden.

3. Ferner waren sich E und B **im Zeitpunkt der Eintragung** auch noch **einig** darüber, dass das Eigentum an dem Grundstuck auf den B übergehen soll.

4. Darüber hinaus war E, der seinerseits im September 2019 das Eigentum gemäß § 1922 im Wege der Gesamtrechtsnachfolge (Universalsukzession) als Alleinerbe der O erlangt hat, auch **verfügungsbefugter Grundstückseigentümer** und somit zur Eigentumsübertragung berechtigt.

Folglich hat E das Eigentum an dem Grundstück durch Übereignung gemäß §§ 873 Abs. 1, 925 an B verloren.

5. Fraglich ist, ob E durch den Eigentumsverlust an dem Grundstück gleichzeitig auch das Eigentum am Pavillon verloren hat.

Das ist der Fall, wenn der Pavillon nicht sonderrechtsfähig ist und er hinsichtlich der Eigentumsverhältnisse als zum Grundstück zugehörig anzusehen ist.

Wesentliche Bestandteile werden nicht rechtsgeschäftlich nach §§ 929 ff. übereignet, sondern das Eigentum geht kraft Gesetzes über.

Wenn eine bewegliche Sache mit einem Grundstück dergestalt verbunden wird, dass sie wesentlicher Bestandteil des Grundstücks wird, so erstreckt sich gemäß § 946 das Eigentum an dem Grundstück auch auf die Sache. Wesentliche Bestandteile teilen somit das rechtliche Schicksal der Sache.[2] Wesentliche Bestandteile i.S.d. § 93 sind sowohl die Teile einer natürlichen Sacheinheit als auch die unselbstständigen Teile einer zusammengesetzten Sache, die durch Verbindung miteinander ihre Selbstständigkeit verloren haben.[3] Ein solcher Verlust der Selbstständigkeit ist anzunehmen, wenn die einzelnen Teile nicht mehr voneinander getrennt werden können, ohne dass der eine oder andere Teil zerstört oder in seinem Wesen verändert wird, § 93.[4]

a) Zu den wesentlichen Bestandteilen eines Grundstücks gehören ferner zum einen nach § 94 Abs. 1 die mit Grund und Boden fest verbundenen Sachen, zum anderen nach § 94 Abs. 2 die zur Herstellung des Gebäudes eingefügten Sachen sowie nach § 96 die mit dem Grundstück verbundenen Rechte. Kommen bei der Einordnung einer Sache als wesentlicher Bestandteil die Regelungen in § 94 Abs. 1 und § 94 Abs. 2 zu unterschiedlichen Ergebnissen (weil eine Sache mit Grundstück A fest verbunden ist, aber zur Herstellung eines anderen Gebäudes auf Grundstück B eingefügt wurde), so geht § 94 Abs. 2 als Sondervorschrift vor.[5]

Hier könnte der Pavillon nach § 94 Abs. 1 wesentlicher Bestandteil sein. Erforderlich dafür ist, dass dieser fest mit dem Grund und Boden verbunden ist. Eine solch feste Verbindung kann hier zumindest hinsichtlich der Betonfundamente angenommen werden. Ob dies allerdings auch für den Pavillonaufbau gilt, ist indes unklar. Soweit er nur auf die Fundamente aufgestellt ist, könnte man an einer hinreichend festen Verbindung zweifeln.

Die Frage kann jedoch dahinstehen, wenn der Pavillonaufbau jedenfalls wesentlicher Bestandteil i.S.d. insofern spezielleren (s.o.) § 94 Abs. 2 ist.

Das ist der Fall, wenn der Aufbau zur Herstellung des Gebäudes eingefügt wurde. Der Begriff des „Einfügens" in § 94 Abs. 2 setzt dabei nicht ein bereits bestehendes Gebäude voraus; wie der Wortlaut zeigt, werden alle zur Herstellung eines Gebäudes eingefügten Sachen dessen wesentlicher Bestandteil.[6] Bei einem Pavillonaufbau kommt es insofern also nur darauf an, ob seine Fundamente mit dem Grund und Boden fest verbunden sind.[7] Hier lag mit den Betonfundamenten eine hinreichend feste Verbindung zum Grund und Boden vor. Ferner wurden die Aufbauelemente auch zur Herstellung des Gebäudes verwendet.

---

2 OLG Frankfurt NJW 1982, 653, 654; Palandt/Ellenberger § 93 Rn. 2.
3 Palandt/Ellenberger § 93 Rn. 2.
4 BGHZ 61, 80, 81; 118, 226, 229.
5 BGH NJW-RR 2013, 652 = RÜ 2013, 217, 218.
6 BGH NJW 1978, 1311.
7 BGH NJW 1978, 1311.

Es liegen somit mindestens die Voraussetzungen des § 94 Abs. 2 vor.

b) Unabhängig davon ist nach § 95 eine Sache allerdings dennoch kein Bestandteil eines Grundstücks, wenn sie nur zu einem vorübergehenden Zweck mit dem Grund und Boden verbunden wurde. Hier ist der Gartenpavillon aber nicht nur für die für Januar 2020 geplante Gartenparty, sondern auch für eine spätere Verwendung errichtet worden. Daher ist sein Zweck „nicht nur vorübergehend", sodass es sich nicht um einen Scheinbestandteil i.S.d. § 95 handelt.

Mit Grund und Boden verbundene oder eingefügte Sachen, die weder wesentliche noch einfache Grundstücksbestandteile sind (**Scheinbestandteile**, § 95), bleiben bewegliche Sachen.

Folglich ist der Pavillon schon durch seine Errichtung gemäß § 94 Abs. 2 wesentlicher Bestandteil des Grundstücks geworden.

Demzufolge hat E durch den Eigentumsverlust am Grundstück gemäß §§ 873 Abs. 1, 925 auch das Eigentum am Pavillon verloren. Er hat daher mangels Eigentümerstellung im **Ergebnis** keinen Anspruch gegenüber B auf Herausgabe des Pavillons gemäß §§ 985, (986).

Fall 3: Die Übereignung eines Grundstücks durch den verfügungsbefugten Eigentümer (Grundfall)

Bereits als junger Bursche entdeckte W seine Leidenschaft für ausgedehnte Wanderungen im alpinen Hochgebirge Bayerns. Um sein Hobby pflegen zu können, erwarb er deshalb nahe einer zentralen Wanderroute ein kleines Grundstück, auf dem er eine Schutzhütte errichtete. Im März 2017 sah sich W jedoch gezwungen, die von ihm kaum noch genutzte und heruntergekommene Schutzhütte an Y zu vermieten, der für deren Unterhaltung und die Instandhaltung sorgte und im Gegenzug seither gegen Zahlung einer geringen Miete in der Hütte wohnen durfte. Noch vor Ablauf der Mietzeit verkaufte und übereignete W im April 2020 das Grundstück formgerecht an X, der ebenfalls begeisterter Wanderer ist und sich die Schutzhütte nun schön herrichten will.

Nachdem X im Grundbuch als neuer Eigentümer eingetragen worden ist, verlangt er von Y das Grundstück heraus. Zu Recht?

X könnte gegenüber Y einen Anspruch auf Herausgabe des Grundstücks aus §§ 985, (986) haben.

I. Dazu müsste X als Anspruchsteller zunächst **Eigentümer** des Grundstücks sein.

1. Ursprünglich war W Eigentümer des von ihm erworbenen Grundstücks.

2. W könnte sein Eigentum jedoch gemäß §§ 873 Abs. 1, 925 durch Übereignung des Grundstücks an X verloren haben.

a) W hat das Grundstück formgerecht an X verkauft und sich bei gleicher Gelegenheit auch wirksam mit ihm i.S.d. § 873 Abs. 1 unter Wahrung der Formvorschrift des § 925 (Auflassung) darüber geeinigt, dass das Eigentum an dem Grundstück übergehen soll.

b) Ferner ist X als neuer Eigentümer im Grundbuch nach § 873 Abs. 1 **eingetragen** worden.

c) Darüber hinaus müssten sich beide im Zeitpunkt des Vollrechtserwerbs auch noch darüber **einig gewesen sein**, dass sich der Eigentumswechsel am Grundstück von W auf X vollzieht. Im Zeitpunkt der Eintragung, der für den Vollrechtserwerb i.S.d. § 873 Abs. 1 grundsätzlich maßgeblich ist, waren sich W und X über den Eigentumswechsel einig.

d) Ferner müsste W im Zeitpunkt der Eintragung zur Eigentumsübertragung auf X **berechtigt** gewesen sein.

Berechtigt ist der wahre Rechtsinhaber, also der verfügungsbefugte Eigentümer oder der verfügungsbefugte Nichteigentümer, der vom wahren Rechtsinhaber zur Verfügung gemäß § 185 Abs. 1 ermächtigt oder aber gesetzlich verfügungsbefugt ist.[8]

8 BGH NJW 2004, 365; Palandt/Herrler § 873 Rn. 11; Habersack Ex-Rep Sachenrecht Rn. 140, 143.

Zur Eigentumsübertragung auf X war W als verfügungsbefugter Grundstückseigentümer vollumfänglich berechtigt; es lagen keinerlei Verfügungsbeschränkungen vor.

Folglich hat W sein Eigentum am Grundstück gemäß §§ 873 Abs. 1, 925 an den neuen Eigentümer X verloren.

II. Ferner müsste Y als Anspruchsgegner **Besitzer** des Grundstücks sein.

Unbewegliche Sachen i.S.d. § 90 sind Grundstücke und diesen rechtlich gleichgestellte Rechte, z.B. Erbbaurecht, Wohnungseigentum, etc.

Besitzer einer Sache ist gemäß § 854 Abs. 1, wer die tatsächliche Sachherrschaft über die Sache ausübt. Das ist bei einer unbeweglichen Sache, wie einem Grundstück, jedenfalls dann der Fall, wenn es tatsächlich in Besitz genommen worden ist. Notwendig ist insofern eine gewisse Dauer und Festigkeit der Beziehung zur Sache.[9]

Indem Y die auf dem Grundstück errichtete Schutzhütte schon seit dem Jahr 2017 bewohnt, liegt eine solche dauerhafte und feste Beziehung vor. Er übt daher die tatsächliche Sachherrschaft über das Grundstück aus und ist somit Besitzer.

III. Des Weiteren dürfte der Anspruchsgegner Y **kein Recht zum Besitz** des Grundstücks gemäß § 986 haben.

Y könnte ein Recht zum Besitz des Grundstücks gemäß § 986 Abs. 1 S. 1 Var. 1 haben. In Betracht kommt insoweit ein eigenes obligatorisches Recht zum Besitz des Y aus dem mit W geschlossenen Mietvertrag nach § 535.

Obligatorische Rechte zum Besitz, die auf vertraglichen oder gesetzlichen schuldrechtlichen Beziehungen zum Eigentümer beruhen, wirken jedoch nur relativ, also zwischen den Parteien des Vertrages *(inter partes)*. Fraglich ist daher, ob der von W und Y geschlossene Mietvertrag, der Y gegenüber dem ehemaligen Eigentümer W ein Recht zum Besitz des Grundstücks gibt, den Y auch gegenüber dem neuen Eigentümer X zum Besitz berechtigt.

Beachte: Kauf bricht nicht Miete (§ 566)!

Nach § 566 Abs. 1 tritt der Erwerber, der den an den Mieter vermieteten und überlassenen Mietraum vom Vermieter erwirbt, anstelle des Vermieters in die sich während der Dauer seines Eigentums aus dem Mietverhältnis ergebenden Rechte und Pflichten ein. Das bedeutet u.a., dass alle gesetzlichen und vertraglichen Pflichten des Vermieters, die nach dem Eigentumswechsel fällig geworden sind, auf den Erwerber übergehen.[10] Dies gilt daher auch für das sich aus dem ursprünglichen Mietvertrag ergebende Recht zum Besitz.[11]

Auf die Kenntnis des Erwerbers hinsichtlich des Bestehens oder Nichtbestehens eines Mietverhältnisses kommt es dabei nicht an.

Durch den Eigentumserwerb am vermieteten Grundstück ist X demzufolge nunmehr Vermieter des Y geworden; er ist anstelle des W in den Mietvertrag mit Y eingetreten. Somit kann Y dem X ein eigenes obligatorisches Recht zum Besitz aus dem Mietvertrag gemäß § 535 entgegenhalten.

Folglich hat Y gemäß § 986 Abs. 1 S. 1 Var. 1 ein Recht zum Besitz des Grundstücks, sodass X gegenüber Y **im Ergebnis** keinen Anspruch auf Herausgabe des Grundstücks aus §§ 985, (986) hat.

---

9 OLG München NJW 1970, 667; Baur/Stürner Sachenrecht § 7 Rn. 5 ff.

10 BGH NJW 2005, 1187.

11 Vgl. Palandt/Herrler § 986 Rn. 4.

Fall 4: Die Übereignung eines Grundstücks durch den verfügungsbefugten Eigentümer (Stellvertretung)

Im Januar 2020 zog E mit seiner Familie in ein Eigenheim am Rande eines Neubaugebietes. Die Freude des E verflog jedoch schlagartig, als er seine Frau mit dem Nachbarn N im hauseigenen Whirlpool „in flagranti" erwischte. Da E nicht in einem „Freudenhaus" leben wollte, bemühte er sich darum, das Haus wieder los zu werden und bot es dem N zum Kauf an. Schnell waren sich beide einig. Um jegliche Konfrontation zu vermeiden und einander nie wieder gegenübertreten zu müssen, ließen sich E (durch die Rechtsanwalts- und Notargehilfin X) und N (durch den Bürovorsteher B) kraft notariell beurkundeter, unwiderruflicher Vollmacht sowohl bei der notariellen Beurkundung des Kaufvertrages als auch bei der Abgabe der jeweiligen Auflassungserklärung vor dem mit der Sache betrauten Notar vertreten.

Kurz nachdem N im März 2020 als neuer Eigentümer im Grundbuch eingetragen war, bereute E jedoch seine vorschnelle Entscheidung. Er suchte seinen Rechtsanwalt auf, der ihn dahingehend beriet, das Grundstück samt Haus von N zurückzufordern. Schließlich hätte E als Eigentümer das Grundstück selbst an N auflassen müssen und darüber hinaus genüge ein einfacher Handschlag ohnehin nicht.

E folgt dem Rat seines Rechtsanwaltes und verlangt von N das Grundstück samt Haus heraus. Zu Recht?

A. Anspruch aus §§ 985, (986)

E könnte gegenüber N einen Anspruch auf Herausgabe des Grundstücks und des Hauses aus §§ 985, (986) haben.

Dazu müsste E gemäß § 985 als Anspruchsteller zunächst **Eigentümer** des Grundstücks sein.

Ursprünglich war E Eigentümer des von ihm erworbenen Grundstücks am Rande des Neubaugebietes.

Er könnte sein Eigentum jedoch gemäß §§ 873 Abs. 1, 925 durch Übereignung des Grundstücks an N verloren haben.

I. Das setzt zunächst eine wirksame Einigung über die Übertragung des Eigentums am Grundstück gemäß **§ 873 Abs. 1 in der Form des § 925 (Auflassung)** voraus.

Die dingliche Einigung über den Eigentumsübergang i.S.d. § 873 Abs. 1 ist ein dinglicher Vertrag, der durch **Angebot** und **Annahme** zustande kommt.

1. E und N haben sich nicht direkt über den Eigentumsübergang gemäß § 873 Abs. 1 geeinigt, sondern X und B haben dies durch Abgabe der mit Bezug aufeinander abgegebenen Auflassungserklärung getan. Die im Rahmen dieser Einigung von X und B abgegebenen empfangsbedürftigen Willenserklärungen, also Angebot und Annahme, könnten jedoch jeweils gemäß § 164 Abs. 1 S. 1 für und gegen E und N wirken, wenn E (von X) und N (von B) wirksam vertreten worden sind.

a) Dazu müssten sowohl X (für E) und als auch B (für N) **eigene Willenserklärungen** hinsichtlich der Auflassung des Grundstücks abgegeben haben.

X und B sind bei Abgabe der Willenserklärungen - in Form von Angebot und Annahme zur Grundstückübereignung - vor dem mit der Sache betrauten Notar nicht als Boten, sondern als Stellvertreter mit eigenem Beurteilungs- und Formulierungsspielraum, aufgetreten.

Mithin haben sie eigene Willenserklärungen (Auflassungserklärungen) abgegeben.

b) Ferner müssten X und B **in fremdem Namen** gehandelt haben.

Indem X im Namen des E und B im Namen des N gehandelt hat, ist dies vorliegend der Fall.

c) Des Weiteren ist erforderlich, dass X und B **mit Vertretungsmacht** für ihre jeweiligen Geschäftsherren gehandelt haben.

Sowohl X (für E), als auch B (für N) handelten innerhalb der ihnen eingeräumten rechtsgeschäftlichen Vertretungsmacht (Vollmacht, § 166 Abs. 2 S. 1), die ihnen unwiderruflich durch notarielle Beurkundung erteilt wurde.

Diese Vollmachten könnten jedoch nach § 125 S. 1 unwirksam sein.

aa) Zwar bedarf die Vollmacht grundsätzlich nach § 167 Abs. 2 nicht der Form, die für das eigentliche Rechtsgeschäft – hier die Auflassung – vorgeschrieben ist. Wegen der Möglichkeit zur Änderung der dinglichen Rechtslage ist die Auflassungsvollmacht allerdings besonders folgenreich und gefährlich, sodass sie eventuell ausnahmsweise die Anforderungen des § 311 b Abs. 1 S. 1 dennoch erfüllen muss. Unmittelbar ist § 311 b Abs. 1 S. 1 jedoch auf diese Konstellation auch bei teleologischer Reduktion des § 167 Abs. 2 nicht anwendbar; die Vollmacht zur Auflassungserklärung bezieht sich nicht auf den schuldrechtlichen Vertrag, bezüglich dessen § 311 b Abs. 1 S. 1 ein Formerfordernis statuiert. Vielmehr betrifft die Auflassung und damit auch die Auflassungsvollmacht das dingliche Rechtsgeschäft.

bb) Denkbar erscheint aber eine entsprechende Anwendung des § 311 b Abs. 1 S. 1 bei zeitgleicher teleologischer Reduktion des § 167 Abs. 2. Dies ist dann möglich, wenn eine planwidrige Regelungslücke und eine vergleichbare Interessenlage vorliegen. Der Gesetzgeber hat die besonderen Gefahren, die sich aus einer unwiderruflichen Vollmacht im Grundstücksverkehr ergeben, nicht berücksichtigt. Der Übereilungsschutz, den die Formvorschriften gewähren sollen, ist gerade auch i.R.d. Stellvertretung geboten, wenn der Vollmachtgeber seine Vollmacht nicht frei widerrufen kann. Dies gilt auch nicht nur für das schuldrechtliche Verpflichtungsgeschäft, sondern erst recht für die Auflassungserklärung, da diese aufgrund ihrer Möglichkeit zur Änderung der dinglichen Rechtslage besonders gefährlich ist.[12] Die Auflassungsvollmacht muss somit ausnahmsweise die Anforderungen des § 311 b Abs. 1 S. 1 erfüllen.

Die unwiderrufliche Vollmacht ist jedoch formfrei, wenn sie zur Ausführung eines bereits formwirksam geschlossenen Vertrages erteilt wird.

Hier erfüllen die von E und N erteilten Vollmachten jedoch auch die Formvorschrift des § 311 b Abs. 1 S. 1. Sie sind demnach nicht nach § 125 S. 1 unwirksam.

12 Palandt/Grüneberg § 311 b Rn. 22.

X und B handelten daher auch mit Vertretungsmacht. Die von ihnen im Rahmen der Einigung nach § 873 Abs. 1 mit Bezug aufeinander abgegebenen Willenserklärungen, also Angebot und Annahme, wirken jeweils gemäß § 164 Abs. 1 S. 1 für und gegen E und N, sodass E und N wirksam vertreten worden sind.

Folglich haben sich E und N gemäß § 873 Abs. 1 geeinigt.

2. Ferner müsste die Einigung auch **wirksam** sein.

Als Nichtigkeitsgrund kommt (mit Blick auf das Vorbringen des Rechtsanwaltes) Formnichtigkeit gemäß § 125 S. 1 i.V.m. § 925 in Betracht.

a) Dann müsste zunächst ein gesetzliches **Formerfordernis nach § 125 S. 1 bestehen**.

Die zur Übertragung des Eigentums an einem Grundstück nach § 873 erforderliche Einigung des Veräußerers und des Erwerbers (Auflassung) muss nach § 925 S. 1 bei gleichzeitiger Anwesenheit beider Teile vor einer zuständigen Stelle erklärt werden.

Somit besteht gemäß § 925 ein gesetzliches Formerfordernis.

Beachte:
Nach § 925 Abs. 1 S. 1 muss die Auflassung nur bei gleichzeitiger Anwesenheit beider Teile vor einer zuständigen Stelle erklärt werden, d.h. „Hände schütteln" reicht aus.

b) Ferner dürfte das gesetzlich vorgeschriebene Formerfordernis nicht eingehalten worden sein.

Für eine Erklärung i.S.d. § 925 genügt jedes Erklärungsmittel, das die Einigung unmissverständlich zum Ausdruck bringt, also jede Form der Willenserklärung.[13] Die Erklärung muss bei gleichzeitiger Anwesenheit von Veräußerer und Erwerber erfolgen, wobei hierfür nicht der Aufenthalt im gleichen Raum notwendig ist und auf beiden Seiten auch ein Vertreter eingeschaltet werden kann.[14]

Beachte:
Soweit das Gesetz „gleichzeitige Anwesenheit" vorschreibt, ist Stellvertretung möglich. Diese wird nur ausgeschlossen, soweit ein Geschäft „(höchst-)persönlich" abzuschließen ist.

Indem X und B als Vertreter des E und des N vor dem Notar, der gemäß § 925 S. 2 zur Entgegennahme der Auflassung zuständig ist, die Auflassung erklärten, haben sie zum Ausdruck gebracht, dass man sich über die Übertragung des Eigentums von E auf N geeinigt hat.

Folglich ist die Auflassung formgerecht und damit unter Wahrung des gesetzlich vorgeschriebenen Formerfordernisses des § 925 erfolgt.

Mithin ist die Einigung von E und N auch wirksam.

II. N ist ferner auch im März 2020 als neuer Eigentümer **im Grundbuch** gemäß § 873 Abs. 1 **eingetragen** worden.

III. Zudem waren sich N und E mangels entgegenstehender Anhaltspunkte gemäß § 873 Abs. 1 **im Zeitpunkt der Eintragung des N** auch noch darüber einig, dass sich der Eigentumsübergang am Hausgrundstück von E auf N vollziehen soll.

IV. Als verfügungsbefugter Grundstückseigentümer war E im Zeitpunkt der Eintragung auch zur Eigentumsübertragung an N **berechtigt**.

Somit hat E sein Eigentum gemäß §§ 873 Abs. 1, 925 an N verloren.

---

13 BGHZ 22, 312, 315; Staudinger/Pfeifer/Diehn § 925 Rn. 86.

14 Palandt/Herrler § 925 Rn. 4 f.; Habersack Ex-Rep Sachenrecht Rn. 289.

Mangels Eigentümerstellung hat E daher im **Ergebnis** keinen Anspruch auf Herausgabe des Grundstücks und des Hauses aus §§ 985, (986).

B. Anspruch aus § 812 Abs. 1 S. 1 Var. 1

Ein Herausgabeanspruch könnte sich aber aus § 812 Abs. 1 S. 1 Var. 1 ergeben. Dazu müsste N etwas durch Leistung des E ohne Rechtsgrund erlangt haben.

Als Rechtsgrund für den Eigentums- und Besitzerwerb des N kommt hier jedoch ein Kaufvertrag (§ 433) in Betracht. X und B gaben (gemäß § 164 Abs. 1 S. 1) mit Wirkung für und gegen E und N auch entsprechende Willenserklärungen ab, die auf Abschluss des Kaufvertrages gerichtet waren. Die von E und N erteilten Vollmachten sind, selbst wenn sie entgegen § 167 Abs. 2 die Anforderungen des § 311 b Abs. 1 S. 1 erfüllen müssen, nicht nach § 125 S. 1 unwirksam, da die Vollmachten die Voraussetzungen des § 311 b Abs. 1 S. 1 erfüllen (s.o.). Auch wurde der Kaufvertrag selbst i.S.d. § 311 b Abs. 1 S. 1 notariell beurkundet, sodass er nicht nach § 125 S. 1 unwirksam ist. Es besteht somit ein Rechtsgrund für den Eigentums- und Besitzerwerb.

E hat daher auch keinen Anspruch gegen N auf Herausgabe des Grundstücks aus § 812 Abs. 1 S. 1 Var. 1.

Fall 5: Die Übereignung eines Grundstücks durch den verfügungsbefugten Eigentümer bei widerruflicher Generalvollmacht

Großgrundbesitzer G ist die zeitintensive Verwaltung seiner Ländereien leid und will sich endlich mehr um seine Familie kümmern. Aus diesem Grund stellt er den Verwalter V ein und überträgt ihm widerruflich Generalvollmacht mit der Auflage, einen monatlichen Bericht über die Vorgänge rund um seinen Grundbesitz zu erstellen.

Da V mit der Zeit den Überblick über die ihm anvertrauten Aufgaben verliert, verkauft er unter Vorlage der Generalvollmacht formgerecht ein etwa 500 m^2 großes Grundstück im Namen des G an den A. Bereits kurz nach der Auflassung wird A als neuer Eigentümer im Grundbuch eingetragen.

Als G davon durch den monatlichen Bericht erfährt, ist er schockiert und widerruft die Vollmacht des V. Dann ficht er sämtliche von V im Rahmen des Grundstücksgeschäftes mit A abgegebenen Willenserklärungen mit der Begründung an, dass er sich über die Bedeutung und Tragweite der erteilten Generalvollmacht geirrt habe.

Kurz darauf verlangt G von A Zustimmung zur Berichtigung des Grundbuchs. Zu Recht?

G könnte gegenüber A einen Anspruch auf Zustimmung zur Berichtigung des Grundbuchs aus **§ 894** haben.

Dann müsste zunächst das **Grundbuch unrichtig** sein.

Das ist der Fall, wenn die formelle Grundbuchlage mit der materiellen Grundbuchlage nicht übereinstimmt.[15]

I. Unter der **formellen Grundbuchlage** versteht man den aus dem Grundbuch ersichtlichen Grundbuchinhalt, also das, „was im Grundbuch steht".

Die formelle Grundbuchlage weist A nach seiner Eintragung als neuen Eigentümer des 500 m^2 großen Grundstücks aus.

II. Hinsichtlich der **materiellen Grundbuchlage** ist fraglich, ob A das Eigentum am Grundstück des G gemäß §§ 873 Abs. 1, 925 erworben hat.

1. Dann müsste G das Grundstück zunächst wirksam an A gemäß §§ 873 Abs. 1, 925 aufgelassen haben.

Zwar haben sich nicht direkt G und A, sondern V und A formgerecht nach §§ 873 Abs. 1, 925, geeinigt. Die von V im Rahmen der Einigung mit A abgegebene Willenserklärung wirkt aber gemäß § 164 Abs. 1 S. 1 für und gegen G, wenn V den G wirksam vertreten hat.

a) Eine dazu erforderliche eigene Willenserklärung des V liegt vor.

b) Diese gab er auch im Namen des G ab.

---

15 Palandt/Herrler § 894 Rn. 2; Habersack Ex-Rep Sachenrecht Rn. 326.

c) V müsste ferner mit Vertretungsmacht gehandelt haben. Hier kommt eine rechtsgeschäftliche Vertretungsmacht i.S.d. § 166 Abs. 2 S. 1 in Form der Generalvollmacht in Betracht. Eine solche hat G erteilt.

aa) Diese Vollmachterteilung ist jedoch nach § 142 Abs. 1 ex tunc nichtig, wenn G seine hierauf gerichtete Willenserklärung wirksam angefochten hat.

Dazu müsste es sich gemäß § 142 Abs. 1 zunächst um ein anfechtbares Rechtsgeschäft handeln. Als Willenserklärung ist die Vollmachterteilung grundsätzlich anfechtbar. Ob sich bei der bereits eingesetzten Innenvollmacht aus Verkehrsschutzgesichtspunkten etwas anderes ergibt, kann letztlich dahinstehen, wenn die Anfechtung aus anderen Gründen nicht durchgreift.

G müsste insbesondere einen Anfechtungsgrund gehabt haben. In Betracht kommt ein Inhaltsirrtum i.S.d. § 119 Abs. 1, Var. 1. Ein solcher liegt vor, wenn der Erklärende sich überhaupt nicht der Rechtsfolgen seiner Erklärung bewusst war. Es ist jedoch nicht jeder Rechtsirrtum beachtlich. Nur der Irrtum über die unmittelbare Rechtsfolge der Erklärung kann beachtlicher „Inhalt" der Erklärung sein.[16] Weitere Fernwirkungen sind bloße Motive der Erklärung, sodass insoweit ein reiner Motivirrtum vorliegt, der jedoch nicht zur Anfechtung berechtigt. Das bedeutet hier, dass G die Vollmacht nur dann wegen eines beachtlichen Rechtsirrtums anfechten kann, wenn er sich nicht bewusst war, dass V ihn mit der Generalvollmacht bei mehreren Rechtsgeschäften (die nicht einzeln bestimmt waren) vertreten kann. Dies trägt G weder aktiv vor noch hat er sich passiv Gedanken darüber gemacht, dass V auch dieses bestimmte Grundstück verkaufen würde. Dies betrifft jedoch nicht die unmittelbare Rechtswirkung seiner Erklärung.

G erlag somit – wenn überhaupt – einem unbeachtlichen Motivirrtum.

bb) Die Vollmachterteilung könnte jedoch nach § 125 S. 1 formnichtig sein.

Dazu müsste die Erklärung zunächst formbedürftig sein. Im Hinblick auf das spätere Grundstücksgeschäft erscheint es denkbar, dass hier die Form des § 311 b Abs. 1 S. 1 (analog) zu wahren ist. Nach § 167 Abs. 2 bedarf die Vollmacht jedoch nicht der Form des Rechtsgeschäfts, auf das sie sich bezieht. Eine Ausnahme hiervon und eine analoge Anwendung des § 311 b Abs. 1 S. 1 (s. hierzu Fall 8) kommt aufgrund der besonderen Schutzbedürftigkeit des Vollmachtgebers allenfalls bei einer unwiderruflichen Vollmacht in Betracht. Da G hier aber lediglich eine widerrufliche Vollmacht erteilt hatte, liegt ein solcher Fall nicht vor; die Vollmachterteilung war hier demnach nicht formbedürftig.

Die Vollmacht war somit wirksam. V hat G i.S.d. § 164 Abs. 1 S. 1 wirksam vertreten.

Mithin hat G das Grundstück wirksam an A gemäß §§ 873 Abs. 1, 925 aufgelassen.

---

16 Vgl. MünchKomm/Armbrüster § 119 Rn. 82 f.

2. A wurde auch gemäß § 873 Abs. 1 als neuer Eigentümer im Grundbuch **eingetragen**.

3. Ferner müssten sich G und A auch noch im Zeitpunkt des Vollrechtserwerbes, also gemäß § 873 Abs. 1 grundsätzlich im Zeitpunkt der Eintragung des A, darüber **einig gewesen sein**, dass das Eigentum am Grundstück von G auf A wechseln soll.

Zum Zeitpunkt der Eintragung des A waren sich zwar nur V und A einig über den Eigentumswechsel am Grundstück. Aber aufgrund der in diesem Zeitpunkt noch wirksam bestehenden Generalvollmacht des V ist G von diesem wirksam vertreten worden, sodass sich letztlich auch G und A darüber einig waren, dass das Eigentum am Grundstück von G auf A übergehen soll.

Beachte:
Bei Stellvertretergeschäften muss die Berechtigung des Geschäftsherrn und nicht etwa die des Geschäftsführers (Stellvertreters) vorliegen.

4. Zudem müsste G im Zeitpunkt der Eintragung des A auch zur Eigentumsübertragung am Grundstück **berechtigt** gewesen sein.

Berechtigt ist der wahre Rechtsinhaber, also der **verfügungsbefugte Eigentümer** oder der **verfügungsbefugte Nichteigentümer**, der vom wahren Rechtsinhaber zur Verfügung gemäß § 185 Abs. 1 ermächtigt oder aber gesetzlich verfügungsbefugt ist.[17]

Als verfügungsbefugter Eigentümer des Grundstücks war G hier zur Eigentumsübertragung berechtigt.

Somit hat A das Eigentum an dem Grundstück wirksam von G gemäß §§ 873 Abs. 1, 925 erworben.

Folglich stimmt die formelle mit der materiellen Grundbuchlage überein, sodass das Grundbuch richtig ist. Im **Ergebnis** hat G gegenüber A also keinen Anspruch auf Zustimmung zur Berichtigung des Grundbuchs aus § 894.

17 BGH NJW 2004, 365; Palandt/Herrler § 873 Rn. 11; Habersack Ex-Rep Sachenrecht Rn. 140, 143.

Fall 6: Die Übereignung eines Grundstücks durch den nicht verfügungsbefugten (insolventen) Eigentümer

Nach der Trennung von seiner Frau vermag der Elektriker E die Kosten der Baufinanzierung für ein auf seinem Grundstück befindliches Einfamilienhaus nicht mehr zu bewältigen. Da er das Haus allein nicht halten kann und weil er erkannt hat, dass es sich in dem Bulli seines Elektrofachgeschäftes auch gut schlafen lässt, verkauft er mittels notariellem Kaufvertrag das Grundstück an K.
Kurz nach der Einigung von E und K über den Eigentumsübergang am Grundstück, die bei gleichzeitiger Anwesenheit beider Teile vor einem Notar stattfand, jedoch nicht notariell beurkundet wurde, aber noch vor Eintragung des K als neuen Eigentümer in das Grundbuch verschlechtert sich die finanzielle Lage des E dramatisch. Schließlich wird über sein Vermögen das Insolvenzverfahren eröffnet. Nach Prüfung der Vermögenslage des E durch den zuständigen Insolvenzverwalter I meldet dieser sich bei K und macht deutlich, dass er die Grundstücksgeschäfte des E missbilligt. Zudem veranlasst I umgehend die Eintragung eines Widerspruchs im Grundbuch. Kurz darauf erfolgt auf Antrag des E gleichwohl die Eintragung des K als Eigentümer. K möchte nun das Grundstück so schnell wie möglich in Besitz nehmen und verlangt es von I heraus.

Zu Recht?

K könnte gegenüber I einen Anspruch auf Herausgabe des Grundstücks aus § 47 InsO i.V.m. §§ 985, (986) haben.

Um einen Gegenstand herauszuverlangen, der nicht zur Insolvenzmasse gehört, bedarf es gemäß § 47 InsO eines **Aussonderungsrechts** (z.B. Eigentum).

Dazu müsste K als Anspruchsteller gemäß § 47 InsO i.V.m. § 985 zunächst **Eigentümer** des Grundstücks sein.

K könnte das Eigentum an dem Grundstück von E gemäß §§ 873 Abs. 1, 925 erworben haben.

I. Dazu müssten sich K und E zunächst gemäß §§ 873 Abs. 1, 925 wirksam über den Eigentumsübergang **geeinigt** haben.

E einigte sich mit K über den Eigentumsübergang am Grundstück, indem er es an K aufließ. Die Auflassung erfolgte bei gleichzeitiger Anwesenheit beider Teile vor dem Notar und damit formgerecht, sodass insbesondere keine Nichtigkeit nach § 125 S. 1 i.V.m. § 925 vorliegt.

Mithin haben sich K und E wirksam über den Eigentumsübergang am Grundstück geeinigt.

II. Zudem ist K auch nach § 873 Abs. 1 als neuer Eigentümer des Grundstücks im Grundbuch **eingetragen** worden.

III. Ferner waren sich E und K gemäß § 873 Abs. 1 **im Zeitpunkt der Eintragung** auch noch **einig** darüber, dass das Eigentum am Grundstück von E auf K übergehen soll.

IV. Des Weiteren müsste E im Zeitpunkt der Eintragung auch zur Eigentumsübertragung **berechtigt** gewesen sein.

Berechtigt ist der wahre Rechtsinhaber, also der **verfügungsbefugte Eigentümer** oder der **verfügungsbefugte Nichteigentümer**, der vom wahren Rechtsinhaber zur Verfügung gemäß § 185 Abs. 1 ermächtigt oder aber gesetzlich verfügungsbefugt ist.[18]

Im Zeitpunkt der Auflassung an K war E noch wahrer Rechtsinhaber und damit verfügungsbefugter Eigentümer des Grundstücks. Kurz darauf verlor er jedoch durch die Eröffnung des Insolvenzverfahrens gemäß § 80 Abs. 1 InsO seine Verfügungsbefugnis und war daher im für den Vollrechtserwerb maßgeblichen Zeitpunkt der Eintragung (*vgl. Fall 1*) nicht mehr verfügungsbefugter Eigentümer.

Die **Verfügungsbefugnis** fehlt dem Eigentümer in den Fällen der §§ 135 f.; 161 Abs. 1, Abs. 2; 1369 Abs. 1; 1984, 2113 ff., 2205, 2211 und § 80 f. InsO.

Das bedeutet, dass E zwar trotz der Eröffnung des Insolvenzverfahrens noch Eigentümer des Grundstücks ist, aber seine Befugnis, über das nunmehr zur Insolvenzmasse gehörende Vermögen zu verfügen, gemäß § 80 Abs. 1 InsO auf den Insolvenzverwalter I übergegangen ist.

Ferner missbilligt I gegenüber K das Grundstücksgeschäft des E, sodass auch eine Ermächtigung des E durch I zur Verfügung nach § 185 Abs. 1 schon allein deshalb nicht in Betracht kommt.

Für eine derartige Ermächtigung zur wirksamen Verfügung über ein fremdes Recht im eigenen Namen gelten überdies die §§ 182, 183. Eine nachträgliche Zustimmung (= Genehmigung, § 184) ist daher gemäß § 185 Abs. 2 ohnehin unzulässig. Zwar kann eine vorherige Zustimmung (= Einwilligung, § 183) nach § 182 auch konkludent erfolgen und setzt lediglich voraus, dass der Einwilligungsberechtigte von der Einwilligungsbedürftigkeit des Rechtsgeschäfts wusste oder mit ihr rechnete. Sie ist daher auch dann anzunehmen, wenn der Einwilligungsberechtigte das Rechtsgeschäft als gültig behandelt.[19] Zum einen ist eine Einwilligung des I aber schon zeitlich gesehen nicht mehr möglich und zum anderen macht I ganz deutlich, dass er das Grundstücksgeschäft des E nicht zu tolerieren gedenkt. Somit behandelt I das Rechtsgeschäft gerade nicht als gültig, sondern vielmehr als ungültig.

Demnach fehlt es hier sowohl an einer wirksamen Einwilligung als auch an einer wirksamen Genehmigung des I.

Folglich ist E nicht verfügungsbefugter Eigentümer und damit auch nicht zur Eigentumsübertragung des Grundstücks berechtigt.

V. Die fehlende Verfügungsbefugnis des E kann auch **nicht gemäß § 91 Abs. 2 InsO i.V.m. § 878 überwunden** werden.
Zwar war E im Zeitpunkt der Abgabe der Verfügungserklärung, also der Auflassungserklärung, noch Berechtigter, da zu diesem Zeitpunkt das Insolvenzverfahren über sein Vermögen ja noch nicht eröffnet war. Da die Auflassungserklärung aber für die Beteiligten noch nicht i.S.d. § 873 Abs. 2 bindend geworden ist und auch eine Antragstellung, gerichtet auf die Eintragung des K als neuen Grundstückseigentümer beim Grundbuchamt,

18 BGH NJW 2004, 365; Palandt/Herrler § 873 Rn. 11; Habersack Ex-Rep Sachenrecht Rn. 140, 143.
19 BGH WM 1990, 1573, 1575; Palandt/Ellenberger § 182 Rn. 3.

noch nicht erledigt ist, liegen letztlich die Voraussetzungen von § 91 Abs. 2 InsO i.V.m. § 878 nicht vor *(vgl. dazu Fall 10)*.

VI. Auch ein gutgläubiger, lastenfreier Erwerb des K vom Nichtberechtigten E kommt im vorliegenden Fall nicht in Betracht.

Der Erwerb des Grundeigentums vom Nichtberechtigten wird im Einzelnen im 2. Teil behandelt *(vgl. Fall 12 ff.)*. Daher wird hier ausnahmsweise nicht gutachterlich geprüft.

Die tatsächlich bestehende, relative Verfügungsbeschränkung des E aus § 81 Abs. 1 InsO, bei der gemäß § 81 Abs. 1 S. 2 InsO i.V.m. § 892 Abs. 1 S. 2 ein gutgläubiger Erwerb möglich ist, ist nicht im Grundbuch eingetragen. Damit ist das Grundbuch unrichtig. Deshalb hat I gemäß § 899 einen Widerspruch gegen die Richtigkeit des Grundbuchs eintragen lassen. Dieser Widerspruch verhindert den gutgläubigen Erwerb nach § 892.[20]

Folglich hat K das Eigentum am Grundstück weder vom Berechtigten nach §§ 873 Abs. 1, 925 noch vom Nichtberechtigten nach § 892 erworben. Er hat daher gegenüber I im **Ergebnis** keinen Anspruch auf Herausgabe des Grundstücks aus § 47 InsO i.V.m. §§ 985, (986).

20 Palandt/Herrler § 899 Rn. 5; Schreiber Jura 2005, 241, 243.

Fall 7: falsa demonstratio beim Grundstückserwerb

Der Architekt A plant mehrere nebeneinander liegende Grundstücke von verschiedenen Bauern zu erwerben, um diese mit Reihenhäusern zu bebauen und anschließend mit Gewinn weiterzuverkaufen. Zu diesem Zweck einigt er sich – zunächst mündlich – mit Bauer B über den Kauf eines Grundstücks zum Preis von 80.000 €, das im Grundbuch wie folgt bezeichnet ist: „Gemarkung H, Flur 15, Flurstück 399".
Bei dem in der Folgewochen stattfindenden Notartermin verwechseln A und B jedoch die Ziffern der Flurstücke und geben das ebenfalls dem B gehörende Grundstück „Gemarkung H, Flur 15, Flurstück 939" als Kaufgegenstand an. Der Kaufvertrag und die Auflassung erfolgen im Übrigen formgerecht. Einige Zeit später wird A als Eigentümer des Grundstücks mit der Flurstücknummer 939 im Grundbuch eingetragen. Erst danach bemerken die beiden die Verwechslung.

Kann B von A Zahlung des Kaufpreises in Höhe von 80.000 € verlangen, wenn A einwendet, er wolle im Gegenzug aber auch das richtige Grundstück übereignet bekommen?

B könnte gegenüber A einen Anspruch auf Zahlung des Kaufpreises i.H.v. 80.000 € aus § 433 Abs. 2 haben.

I. Dazu müssten A und B einen Kaufvertrag nach § 433 geschlossen haben, indem sich beide entsprechend der §§ 145 ff. **geeinigt** haben.

1. Eine solche Einigung könnte hier in der mündlichen Abrede zu sehen sein.

A und B haben sich über den Kauf eines Grundstücks zum Preis von 80.000 € geeinigt, das im Grundbuch mit „Gemarkung H, Flur 15, Flurstück 399" bezeichnet ist.

Folglich liegt eine Einigung in Bezug auf das Flurstück 399 vor.

Für den Grundstückskaufvertrag (= Verpflichtungsgeschäft) besteht gemäß § 311 b Abs. 1, für die Auflassung (= Verfügungsgeschäft) gemäß § 925 (*vgl. Fall 8*) ein Formerfordernis.

2. Die Einigung durch die mündliche Abrede zwischen A und B müsste allerdings auch **wirksam** sein.

Vorliegend könnte sie gemäß § 125 S. 1 i.V.m. § 311 b Abs. 1 S. 1 nichtig sein.

a) Dann müsste ein gesetzliches Formerfordernis nach § 125 S. 1 bestehen. Nach § 311 b Abs. 1 S. 1 bedarf ein Vertrag, durch den sich der eine Teil verpflichtet, das Eigentum an einem Grundstück zu übertragen oder zu erwerben (= Grundstückskaufvertrag), der notariellen Beurkundung, sodass ein gesetzliches Formerfordernis besteht.

b) Ferner dürfte die gesetzlich vorgeschriebene Form nicht eingehalten sein. Die bloß mündliche Einigung zwischen A und B hinsichtlich des Grundstücks mit der Flurstücknummer 399 ist nicht notariell beurkundet worden. Der später notariell beurkundete Kaufvertrag bezog sich hingegen auf die Flurstücknummer 939.

Somit ist die gesetzlich vorgeschriebene Form des § 311 b Abs. 1 S. 1 hinsichtlich der mündlichen Abrede nicht eingehalten.

3. Eine wirksame Einigung könnte aber im Rahmen des Notartermins erzielt worden sein. A und B einigten sich hier ebenfalls darauf, dass B verpflichtet sein soll, A Eigentum und Besitz an einem Grundstück gegen Zahlung von 80.000 € zu verschaffen, vgl. § 433.

a) Fraglich ist jedoch, auf welches Grundstück sich diese Einigung bezieht. Nach den §§ 133, 157 sind Willenserklärungen grundsätzlich nach dem objektivem Empfängerhorizont auszulegen. Maßgeblich ist daher, wie ein objektiver Dritter in der Lage der Parteien die Erklärungen verstehen durfte. Eine solche Person würde bei einem notariellen Kaufvertrag, der das Grundstück mit der Flurnummer 939 ausweist, auch von eben diesem Grundstück ausgehen.

Ausnahmsweise ist jedoch allein auf den wahren Willen der Parteien / das subjektiv Gewollte abzustellen, wenn diese irrtümlich eine falsche Bezeichnung wählen (**falsa demonstratio non nocet**). Hier wollten sowohl A als auch B das Flurstück 399 angeben. Die rein objektiv abweichende Angabe spiegelt gerade nicht den wahren Willen der Parteien wider.

Demnach bezieht sich die Einigung – trotz entgegenstehendem Wortlaut der notariellen Urkunde – auf das Flurstück mit der Nummer 399.

b) Diese Einigung könnte jedoch nach § 125 S. 1 i.V.m. § 311 b Abs. 1 S. 1 unwirksam sein.

Ein Grundstückskaufvertrag i.S.d. § 311 b Abs. 1 S. 1 liegt hier vor. Fraglich ist daher, ob der Vertrag, den A und B geschlossen haben (also in Bezug auf Flurstück 399), notariell beurkundet wurde. Beurkundungsbedürftig sind sämtliche Inhalte des Verpflichtungsgeschäfts, sodass insbesondere das Grundstück hinreichend bestimmt sein muss.[21] Hier wurde gerade das Grundstück, das Gegenstand des Kaufvertrages ist, nicht bezeichnet. Vielmehr bezog sich die Urkunde auf Flurstück 939.

Ob dies auch dann schädlich ist und zur Formunwirksamkeit führt, wenn die Parteien nur irrtümlich eine falsche Bezeichnung gewählt haben, ist anhand des Normzwecks des § 311 b zu ermitteln.

§ 311 b hat zunächst eine **Warn- und Schutzfunktion** dahingehend, dass die Parteien sich nicht übereilt verpflichten sollen, ein Grundstück zu veräußern oder zu erwerben. Hierbei sollen sie gerade von einem Notar **belehrt** werden.[22] Diese Funktion wird aber auch bei einer irrtümlichen Falschbezeichnung erreicht. Der besonderen Bedeutung des Geschäfts werden sich die Parteien hier vollumfänglich bewusst. Die Parteien sind somit hier in ihrem Vertrauen auf die Wirksamkeit des Rechtsgeschäfts schutzwürdig.

Beachte:
Diese Schutzbedürftigkeit nimmt man nicht an, wenn die Parteien bewusst etwas Falsches beurkunden lassen (Scheingeschäft i.S.d. § 117, z.B. wenn bewusst ein falscher Kaufpreis angegeben wird). Hier ist der Vertrag zunächst formunwirksam.

Daran kann auch die **Kontroll- und Beweisfunktion**, die ebenfalls der Formvorschrift des § 311 b zugrunde liegt, nichts ändern. Zwar soll die Urkunde Beweis für die Richtigkeit der Angaben erbringen. Es ist jedoch oh-

21 Palandt/Grüneberg § 311 b Rn. 25 f.
22 Vgl. HK-BGB/Schulze § 311 b Rn. 1.

nehin allgemein anerkannt, dass auch außerhalb der Urkunde liegende Umstände bei der Auslegung Berücksichtigung finden können.[23]

Bei einer unbewussten Falschbezeichnung ist die Form des § 311 b Abs. 1 S. 1 somit auch dann gewahrt, wenn nicht das wirklich Gewollte beurkundet wurde.[24]

Folglich ist die in den notariell beurkundeten Kaufvertrag aufgenommene Falschbezeichnung unbeachtlich, sodass die Einigung in Bezug auf das Flurstück 399 nicht gemäß § 125 S. 1 i.V.m. § 311 b Abs. 1 S. 1 nichtig, sondern vielmehr wirksam ist.

Somit ist der **Anspruch** des B gegenüber A auf Zahlung des Kaufpreises i.H.v. 80.000 € aus § 433 Abs. 2 **entstanden**.

II. Der **Anspruch** ist auch **nicht untergegangen**.

III. Fraglich ist jedoch, ob der **Anspruch** auch **durchsetzbar** ist.

A könnte hier die **Einrede des nicht erfüllten Vertrages i.S.d. § 320 Abs. 1 S. 1** zustehen. Erforderlich hierfür ist, dass zwischen A und B ein gegenseitiger Vertrag besteht und A noch einen Anspruch auf die zur Zahlungspflicht (§ 433 Abs. 2) synallagmatische Gegenleistung hat.

1. Der Kaufvertrag zwischen A und B begründet synallagmatische Pflichten, sodass er gegenseitig i.S.d. § 320 Abs. 1 S. 1 ist.

2. Ferner müsste A noch einen Anspruch gegen B auf Übergabe und Übereignung des Grundstücks mit der Flurnummer 399 aus § 433 Abs. 1 S. 1 haben.

Ein solcher Anspruch ist mit Abschluss des wirksamen Kaufvertrages (s.o.) entstanden. Er könnte jedoch nach § 362 Abs. 1 durch Erfüllung des B erloschen sein. Dazu müsste B dem A wirksam Eigentum und Besitz an dem Grundstück mit der Flurnummer 399 verschafft haben.

Das setzt voraus, dass A nach §§ 873 Abs. 1, 925 wirksam Eigentum an diesem Grundstück von B erworben hat.

a) A und B müssten sich hierfür zunächst über den Eigentumsübergang an dem Grundstück (Nr. 399) in der Form des § 925 Abs. 1 **geeinigt** (§ 873 Abs. 1) haben. Auch bezüglich der Auflassung ergibt sich zwar objektiv aus den Erklärungen von A und B, dass sich diese auf das Grundstück Nr. 939 beziehen sollen. Den obigen Ausführungen zufolge ist jedoch auch bei dieser Einigung eine Falschbezeichnung unschädlich **(falsa demonstratio)**.

Mithin liegt eine Einigung in Bezug auf das Grundstück Nr. 399 vor.

b) Ferner müsste A als Eigentümer des Grundstücks Nr. 399 eingetragen worden sein. Das ist hier nicht geschehen. Es hat lediglich eine Eintragung über das Grundstück mit der Nr. 939 stattgefunden. Anders als im Rahmen von Willenserklärungen ist eine Auslegung der Eintragung nach den Grundsätzen der falsa demonstratio indes nicht möglich. Die Eintragung soll für jeden Dritten die Rechtslage an einem Grundstück deutlich machen. Dem-

---

23 BGHZ 87, 150, 152; BGH NJW-RR 1988, 970, 971.

24 BGH NJW 1969, 2043, 2045; Palandt/Grüneberg § 311 b Rn. 37.

nach kann nicht der rein subjektive Wille der Parteien, der nicht im Grundbuch deutlich wird, zur Auslegung der Eintragung herangezogen werden.[25] Das zeigt sich schon daran, dass ein Dritter, wenn er einen Grundbuchauszug über das Flurstück 399 einholt, keinen Anhaltspunkt dafür hat, dass sich die Eintragung beim Flurstück 939 (von der er im Zweifel gar nichts weiß) auf dieses Grundstück bezieht.

B hat A somit noch kein Eigentum an dem Grundstück mit der Flurnummer 399 verschafft. Der Anspruch des A aus § 433 Abs. 1 S. 1 besteht folglich noch.

Im **Ergebnis** ist der Anspruch des B somit zurzeit wegen des Bestehens eines Zurückbehaltungsrechts i.S.d. § 320 Abs. 1 S. 1 nicht durchsetzbar.

B kann von A Zahlung des Kaufpreises i.H.v. 80.000 € aus § 433 Abs. 2 daher nur Zug-um-Zug (§§ 320, 322) gegen Übereignung und Übergabe des Grundstücks mit der Flurnummer 399 verlangen.

Beachte:
B hat jedoch auch gegen A einen Anspruch aus § 894 und § 812 Abs. 1 S. 1 Var. 1 in Bezug auf das Flurstück 939. A wurde hier als Eigentümer eingetragen, obwohl sich die Einigung (Auflassung) nicht auf dieses Grundstück bezog (s.o.). A hat somit an diesem Grundstück auch kein Eigentum erworben. Für den Erwerb der Buchposition (als erlangtes „Etwas“) besteht nach dem Inhalt des Kaufvertrages (s.o.) auch kein Rechtsgrund.

25 Vgl. Palandt/Herrler § 873 Rn. 14.

Fall 8: Die Übereignung eines Grundstücks durch den verfügungsbefugten Nichteigentümer kraft Ermächtigung

Der stets sorgsame und umsichtige Opa O will sich und seinem Enkel E die Altersversorgung erleichtern. Deshalb beabsichtigt er, ein großes Grundstück von seinem Bekannten A zu erwerben und in zwei gleich große Teile aufzuteilen. Den einen Teil will er für sich selber behalten, den anderen Teil will er E schenken.

Wenig später schließen O und A einen notariellen Kaufvertrag über das Grundstück, das A noch im gleichen Notartermin an O auflässt. Nach Teilung des Grundstücks wird O, wie beiderseits beabsichtigt, als Eigentümer des ersten Grundstücksteils eingetragen. Auf die Eintragung des O bzgl. des anderen (zweiten) Teils verzichtete man bewusst, um so Gebühren zu sparen. Schließlich sollte diesen Teil des Grundstücks ohnehin der E bekommen.

Nachdem O mit E einen notariellen Schenkungsvertrag über den dem Enkel zugedachten Grundstücksteil geschlossen, diesen an E aufgelassen hat und E als neuer Eigentümer des Grundstücksteils im Grundbuch eingetragen ist, kommt es zwischen O und E zum Streit. Da O nun am liebsten alles rückgängig machen würde, fragt er den Rechtsanwalt R nach den Eigentumsverhältnissen.

Welche Auskunft wird R ihm in Bezug auf die Eigentumsverhältnisse geben?

R wird O folgende Auskunft bzgl. der Eigentumsverhältnisse an den beiden Grundstücksteilen geben:

A. Eigentumsverhältnisse am ersten Grundstücksteil

Ursprünglich war A Eigentümer des Grundstücks und damit auch dieses Grundstücksteils. Er könnte das Eigentum aber nach §§ 873 Abs. 1, 925 an O verloren haben.

I. Eine formwirksame Auflassung (§§ 873 Abs. 1, 925) liegt (bzgl. des gesamten Grundstücks und damit auch bzgl. des ersten Grundstücksteils) vor.

II. Ferner wurde O als Eigentümer des ersten Grundstücksteils eingetragen (§ 873 Abs. 1).

III. A und O waren sich bei Eintragung auch noch über den Eigentumsübergang einig.

IV. Als verfügungsbefugter Eigentümer war A ferner zur Eigentumsübertragung berechtigt.

O ist somit Eigentümer des ersten Grundstücksteils geworden.

B. Eigentumsverhältnisse am zweiten Grundstücksteil

I. Ursprünglich war A auch Eigentümer des zweiten Grundstücksteils. Er könnte dieses aber ebenfalls durch Übereignung nach §§ 873 Abs. 1, 925 an O verloren haben.

1. Eine Auflassung bzgl. des zweiten Grundstücksteils (s.o.) liegt zwischen A und O vor.

2. O müsste jedoch auch nach § 873 Abs. 1 als Eigentümer in das Grundbuch bzgl. dieses Grundstücksteils eingetragen worden sein. Das ist hier nicht geschehen. Hinsichtlich dieses Grundstücksteils fand keine (Zwischen-) Eintragung des O statt.

Demnach hat O kein Eigentum am zweiten Grundstücksteil erworben.

II. A könnte das Eigentum an dem zweiten Grundstücksteil ferner dadurch verloren haben, dass O dieses gemäß §§ 873 Abs. 1, 925 auf E übertragen haben könnte.

1. Dann müsste O den zweiten Grundstücksteil an E gemäß §§ 873 Abs. 1, 925 wirksam aufgelassen haben.

Das ist vorliegend der Fall.

2. Zudem ist E gemäß § 873 Abs. 1 als neuer Eigentümer des Grundstücks im Grundbuch eingetragen worden.

3. Auch waren sich O und E im Zeitpunkt des Vollrechtserwerbs, also grundsätzlich im Zeitpunkt der Eintragung gemäß § 873 Abs. 1, noch einig über den Eigentumsübergang. O überlegte sich dies erst nach Eintragung des E ins Grundbuch anders.

4. Ferner müsste O zur Eigentumsübertragung an E im Zeitpunkt der Eintragung des E auch berechtigt gewesen sein.

Berechtigt ist der verfügungsbefugte Eigentümer oder der verfügungsbefugte Nichteigentümer, der vom wahren Rechtsinhaber zur Verfügung gemäß § 185 Abs. 1 ermächtigt oder aber gesetzlich verfügungsbefugt ist.

Merke:
Wer von Anfang an mit **Ermächtigung i.S.d. § 185 Abs. 1** verfügt, verfügt (entgegen des Wortlauts des § 185 Abs. 1) als Berechtigter.[26]

Wie zuvor festgestellt, hat O das Eigentum am zweiten Grundstücksteil nicht vom ursprünglichen Eigentümer A erworben und ist insofern Nichteigentümer.

Als Nichteigentümer könnte er jedoch zur Verfügung über den zweiten Grundstücksteil gemäß § 185 Abs. 1 ermächtigt worden sein.

Die Verfügungsermächtigung nach § 185 Abs. 1 begründet die aus dem Recht des Ermächtigenden abgeleitete Zuständigkeit des Ermächtigten, über ein subjektives Recht des Ermächtigenden im eigenen Namen zu verfügen.[27] Für diese Ermächtigung gelten die Regeln der Einwilligung nach den §§ 182, 183. Die Einwilligung kann auch durch schlüssige Handlung erfolgen.[28] In der Auflassung liegt in der Regel eine Einwilligung zur Weiterveräußerung auch ohne vorherige Eintragung des Auflassungsempfängers.[29]

Verfügung ist jede Aufhebung, Übertragung, Belastung oder Inhaltsänderung eines dinglichen bzw. beschränkt dinglichen Rechts **(„AUBI")**.

Indem A das gesamte Grundstück an O aufließ, ermächtigte er ihn zugleich konkludent zur Weiterveräußerung und damit zur Vornahme von Verfügungen i.S.d. § 185 Abs. 1. Insofern ermächtigte A den O zur Übertragung des Eigentums des A am zweiten Grundstücksteil. Zwar könnte man bei einer Weiterveräußerung ohne Zwischeneintragung (sog. **Kettenauflas-**

26 BGH NJW 2004, 365; Jauernig/Mansel § 185 Rn. 6.
27 BGH NJW 1989, 521, 522; MünchKomm/Bayreuther § 185 Rn. 21, 29.
28 Palandt/Ellenberger § 185 Rn. 8.
29 RGZ 135, 378, 382; BayObIG NJW-RR 1991, 465 (LS).

sung) auch annehmen, dass der Zwischenerwerber ein Anwartschaftsrecht *(vgl. dazu Fall 21)* auf den Letzterwerber überträgt, das dann mit dessen Eintragung als Eigentümer zum Vollrecht erstarkt. Jedoch entsteht ein Anwartschaftsrecht erst dann, wenn von dem mehraktigen Entstehungstatbestand eines Rechts schon so viele Erfordernisse erfüllt sind, dass von einer gesicherten Rechtsposition des Erwerbers gesprochen werden kann, die der andere nicht mehr einseitig zerstören kann.[30] A könnte hier aber den zweiten Grundstücksteil nach der Auflassung an O auch noch an einen anderen auflassen, der dann vom Grundbuchamt als Eigentümer eingetragen würde. Mithin liegt hier noch keine gesicherte Rechtsposition und damit kein Anwartschaftsrecht vor. Somit bleibt es dabei, dass O, als er den zweiten Grundstücksteil an E aufließ, verfügungsbefugter Nichteigentümer kraft Ermächtigung nach § 185 Abs. 1 war.

Mithin war O zur Eigentumsübertragung an E im Zeitpunkt der Eintragung des E als verfügungsbefugter Nichteigentümer auch berechtigt.

Das bedeutet im **Ergebnis**, dass E vom Berechtigten O gemäß §§ 873 Abs. 1, 925 das Eigentum am zweiten Grundstücksteil erworben hat.

30 BGHZ 83, 395, 399; 89, 41, 44.

Fall 9: Die Übereignung eines Grundstücks durch den verfügungsbefugten Nichteigentümer kraft Gesetzes (Testamentsvollstrecker)

Erblasser E war im Dezember 2018 verstorben. Zu seinem Nachlass gehörte insbesondere ein großes Wohngrundstück. Mit notarieller Urkunde erklärten die Vorerbin V und der Nacherbe N im April 2019 unter anderem, dass sie sich endgültig über den Nachlass des Erblassers auseinandersetzen wollen. Zu diesem Zweck vereinbarten sie, dass V dem N im Wege der Vorwegnahme der Nacherbfolge das Eigentum an dem Nachlassgrundstück einräumt und er als Ausgleich dafür der V einen lebenslänglichen Nießbrauch an dem Grundstück bestellt. Der Testamentsvollstrecker T, dem V und N ihre Vereinbarung vorlegten, ist mit dieser Vorgehensweise einverstanden und erklärt daher die Entlassung des Grundstücks aus seiner Verwaltung. Sodann lässt T das Grundstück aufgrund der Vereinbarung formgerecht an N auf und zugleich bewilligt N die Eintragung des Nießbrauchs.
Kurz nach der im Juni 2019 erfolgten Eintragung des N im Grundbuch kommen der V Zweifel an dessen Eigentümerstellung. Sie ist sich nicht sicher, ob T hier überhaupt das Grundstückseigentum auf N übertragen konnte. Um ganz sicher zu gehen, sucht sie ihren Rechtsanwalt R auf und bittet ihn, die Eigentumsverhältnisse am Grundstück zu prüfen.

Zu welchem Ergebnis wird R kommen?

R wird zu dem Ergebnis kommen, dass derjenige Eigentümer des Nachlassgrundstücks geworden ist, bei dem dafür alle erforderlichen Voraussetzungen vorliegen.

I. Ursprünglich war der Erblasser E Eigentümer des Nachlassgrundstücks.

II. Mit dem Tode des Erblassers erlangte V als Vorerbin i.S.v. § 2100 im Wege der Universalsukzession nach § 1922 das Eigentum an dem Nachlassgrundstück.

Der Vorerbe erwirbt beim Erbfall zunächst persönlich die Erbschaft. Mit dem Tode des Vorerben erwirbt dann der Nacherbe die Erbschaft. Beide leiten also in gleicher Weise ihr Erbrecht vom Erblasser ab, nur zeitlich nacheinander, vgl. § 2100.

III. V könnte ihr Eigentum am Nachlassgrundstück jedoch wiederum an N verloren haben, wenn T es gemäß §§ 873 Abs. 1, 925 wirksam an diesen übereignet hat.

1. Dazu müsste T das Grundstück zunächst wirksam an N **aufgelassen** (§§ 873 Abs. 1, 925) haben. Laut Sachverhalt hat T das Nachlassgrundstück formgerecht und damit wirksam an N gemäß §§ 873 Abs. 1, 925 aufgelassen.

2. Zudem ist N als neuer Eigentümer im Grundbuch gemäß § 873 Abs. 1 **eingetragen** worden.

3. Auch waren sich T und N **im Zeitpunkt des Vollrechtserwerbs**, also gemäß § 873 Abs. 1 grundsätzlich im Zeitpunkt der Eintragung, **noch einig** über den Eigentumsübergang.

4. Ferner müsste T im Zeitpunkt der Eintragung des N zur Eigentumsübertragung **berechtigt** gewesen sein.

Berechtigt ist der verfügungsbefugte Eigentümer oder der verfügungsbefugte Nichteigentümer, der vom wahren Rechtsinhaber zur Verfügung gemäß § 185 Abs. 1 ermächtigt oder aber gesetzlich verfügungsbefugt ist.

Zwar ist hier zum Veräußerungszeitpunkt die Vorerbin V Eigentümerin des Nachlassgrundstücks (s.o.), aber als **Testamentsvollstrecker** ist T gemäß § 2205 S. 2 berechtigt, den Nachlass in Besitz zu nehmen und über die Nachlassgegenstände zu verfügen.

Dieses alleinige Verfügungsrecht gemäß § 2205 erhält der Testamentsvollstrecker unmittelbar für und gegen die betroffenen Erben, die von der Verfügungsbefugnis gemäß § 2211 (*vgl. Fall 15*) ausgeschlossen sind. Es umfasst nur die zum Nachlass gehörenden und seiner Verwaltung unterliegenden Gegenstände. Wirksam sind die Verfügungen des Testamentsvollstreckers jedoch nur, wenn sie entgeltlich sind oder die Erben einer unentgeltlichen Verfügung zugestimmt haben.[31] Insofern kann der Testamentsvollstrecker mit Zustimmung der Erben (wozu auch die Nacherben gehören) über den Rahmen von Pflicht- und Anstandsschenkungen i.S.d. § 2205 S. 3 hinaus unentgeltlich verfügen.[32]

Mit Blick auf die von V und N getroffene Vereinbarung, wonach V bei Eigentumsübertragung auf N ein Äquivalent in Form eines lebenslänglichen Nießbrauchs eingeräumt wird, könnte hier bereits objektiv davon auszugehen sein, dass die Verminderung des Nachlasses mit einer entsprechenden Gegenleistung korrespondiert, damit „entgeltlich" war und folglich der Verfügungsbefugnis des T unterfiel. Jedoch setzt „Unentgeltlichkeit" i.S.d. § 2205 S. 3, die objektiv erfordert, dass dem Nachlass keine gleichwertige Gegenleistung zufließt, immerhin subjektiv voraus, dass der Testamentsvollstrecker das Fehlen oder die Unzulänglichkeit der Gegenleistung kennt oder bei ordnungsgemäßer Verwaltung hätte erkennen müssen.[33] Jedenfalls diese subjektive Komponente ist vorliegend bei T aber nicht erfüllt, sodass er mit Zustimmung des Nacherben N auch über den Rahmen des § 2205 S. 3 hinaus sogar unentgeltlich verfügen konnte.

Folglich besteht für T gemäß **§ 2205 S. 2** eine **gesetzliche Verfügungsbefugnis**, sodass er als **verfügungsbefugter Nichteigentümer kraft Gesetzes** zur Eigentumsübertragung berechtigt ist.

T war mithin zur Eigentumsübertragung an N im Zeitpunkt der Eintragung des N berechtigt.

Das bedeutet im **Ergebnis**, dass N vom Berechtigten T gemäß §§ 873 Abs. 1, 925 das Eigentum am Nachlassgrundstück erworben hat.

Somit wird R zu dem Ergebnis kommen, dass N Eigentümer des Grundstücks ist.

---

31 BGHZ 57, 84; Palandt/Weidlich § 2205 Rn. 24.

32 BGHZ 57, 84, 94.

33 RGZ 105, 246, 248; BGHZ 57, 84, 90; BGH NJW 1991, 842; Palandt/Weidlich § 2205 Rn. 28.

Fall 10: Nachträgliche Beschränkung der Verfügungsbefugnis

Um nach einer Reihe gescheiterter Existenzgründungen im ertragsträchtigen Film- und Fernsehgeschäft mitzumischen, plant Produzent P den Aufbau einer neuen, international tätigen Produktionsgesellschaft. Da er nicht zuletzt wegen seiner bisherigen Pleiten bei den Banken keinen Kredit mehr bekommt, zum Aufbau des neuen Unternehmens aber dringend auf Barmittel angewiesen ist, verkauft er formgerecht sein Grundstück an A. Die Auflassung wird von beiden im Notartermin am 05.04.2019 erklärt und notariell beurkundet. Bereits am 05.05.2019 reicht A die beurkundeten Auflassungserklärungen zusammen mit dem Antrag auf Eintragung der Rechtsänderung beim Grundbuchamt ein. Noch bevor A am 05.08.2019 als neuer Eigentümer im Grundbuch eingetragen wird, wird im Juni 2019 allerdings das Insolvenzverfahren über das Vermögen des glücklosen Produzenten P eröffnet, dessen Geschäftsidee auch dieses Mal nicht erfolgreich gewesen war. Der zuständige Insolvenzverwalter I will zur Befriedigung der Insolvenzgläubiger erst einmal alle Vermögenswerte zusammenhalten und widerspricht daher ausdrücklich dem Grundstücksgeschäft.

Kann A von P am 06.08.2019 das Grundstück herausverlangen?

A könnte gegenüber P einen Anspruch auf Herausgabe des Grundstücks aus §§ 985, (986) haben.

I. Dazu müsste A gemäß § 985 zunächst **Eigentümer** des herausverlangten Grundstücks sein.

Ursprünglich stand das Grundstück im Eigentum des P.

Dieser könnte jedoch sein Eigentum an dem Grundstück gemäß §§ 873 Abs. 1, 925 an A übertragen haben.

Die notarielle Beurkundung einer Auflassungserklärung ist für die Einhaltung der Form des § 925 Abs. 1 nicht erforderlich, vermag aber z.B. Bindungswirkung nach § 873 Abs. 2 auszulösen.

1. Dazu müssten sich P und A zunächst gemäß §§ 873 Abs. 1, 925 wirksam über den Eigentumsübergang geeinigt haben.

Im Notartermin am 05.04.2019 und damit bei gleichzeitiger Anwesenheit vor der zuständigen Stelle erklären P und A die **Auflassung** des Grundstücks, die sodann auch notariell beurkundet wurde.
Mithin haben sich P und A wirksam über den Eigentumsübergang am Grundstück geeinigt.

2. Zudem ist A auch nach § 873 Abs. 1 am 05.08.2019 als neuer Eigentümer des Grundstücks im Grundbuch **eingetragen** worden.

3. Ferner waren sich P und A **im Zeitpunkt der Eintragung** gemäß § 873 Abs. 1 auch noch **einig** darüber, dass das Eigentum am Grundstück von P auf A wechseln soll.

4. Erforderlich ist außerdem, dass P im Zeitpunkt der Eintragung des A auch zur Eigentumsübertragung **berechtigt** war.

Berechtigt ist der verfügungsbefugte Eigentümer oder der verfügungsbefugte Nichteigentümer, der vom wahren Rechtsinhaber zur Verfügung gemäß § 185 Abs. 1 ermächtigt oder aber gesetzlich verfügungsbefugt ist.

Beachte:
Nur die Verfügungsbefugnis geht gemäß § 80 Abs. 1 InsO auf den Insolvenzverwalter über. Der Schuldner bleibt gleichwohl (nichtverfügungsbefugter) Eigentümer. Etwaige Verfügungen des Schuldners als Eigentümer sind dann allerdings gemäß § 81 Abs. 1 S. 1 InsO unwirksam.

Ursprünglich war P verfügungsbefugter Grundstückseigentümer. Mit Eröffnung des Insolvenzverfahrens über sein Vermögen im Juni 2019 ging aber gemäß § 80 Abs. 1 InsO die Befugnis, über das zur Insolvenzmasse gehörende Vermögen zu verfügen, auf den Insolvenzverwalter I über. Für den Insolvenzschuldner besteht also insoweit eine Verfügungsbeschränkung. Zur Insolvenzmasse i.S.d. § 35 InsO gehört vorliegend auch das Grundstück des P, sodass er im Juni 2019 die Verfügungsbefugnis über sein Grundstück verloren hat.

Damit war P zum Zeitpunkt der Eintragung des A, also am 05.08.2019, nicht mehr verfügungsbefugter Eigentümer und insofern zur Eigentumsübertragung auch grundsätzlich nicht berechtigt.

5. Ausnahmsweise könnte die fehlende Verfügungsbefugnis des P hier jedoch überwunden worden sein.

a) Fraglich ist, ob eine **Genehmigung** des I **gemäß § 185 Abs. 2 Var. 1**, der kraft seines Amtes als Insolvenzverwalter gemäß § 80 Abs. 1 InsO verfügungsbefugter Nichteigentümer und damit Berechtigter ist, zur Überwindung der fehlenden Verfügungsbefugnis bei P führen könnte.

Unabhängig davon, dass wegen des Widerspruchs des I eine Genehmigung hier schon de facto nicht in Betracht kommt, ist die Verfügung des P über sein Grundstückseigentum vom 05.04.2019 mit der Eröffnung des Insolvenzverfahrens im Juni 2019 gemäß § 81 Abs. 1 S. 1 InsO (*ex nunc*) unwirksam.

Mangels schwebender Unwirksamkeit der Verfügung des P ist somit eine nachträgliche Zustimmung (= Genehmigung, § 184) des I, die zur Überwindung der Verfügungsbefugnis führen könnte, schon von vornherein nicht möglich.

Beachte:
Nach § 91 Abs. 2 InsO findet § 878 auch im Falle der Insolvenz Anwendung!

b) Jedoch könnte die fehlende Verfügungsbefugnis des P nach § 91 Abs. 2 **InsO i.V.m. § 878** überwunden worden sein.

aa) Dazu müsste eine **Verfügungserklärung des Berechtigten i.S.d. §§ 873, 875, 877** im Zeitpunkt der Abgabe der Einigungserklärungen vorliegen.

Indem P das Grundstück am 05.04.2019 formgerecht an A auflässt, liegt eine Verfügungserklärung i.S.d. § 873 Abs. 1 vor. In diesem Zeitpunkt war das Insolvenzverfahren über das Vermögen des P auch noch nicht eröffnet, sodass er im Zeitpunkt der Abgabe der Einigungserklärungen und damit i.S.d. § 878 Berechtigter war.

bb) Ferner ist gemäß § 878 erforderlich, dass die Verfügungserklärung des Berechtigten gemäß § 873 Abs. 2 oder § 875 Abs. 2 vor Eintragung **bindend** geworden ist.

Aufgrund der notariellen Beurkundung der Auflassungserklärungen vom 05.04.2019 war P hier noch vor der Eintragung im Grundbuch gemäß § 873 Abs. 2 an seine Verfügungserklärung gebunden.

cc) Gemäß § 878 müsste der **Antrag auf Eintragung der Rechtsänderung** beim Grundbuchamt außerdem noch **vor Eintritt der Verfügungsbe-**

schränkung (hier also vor Eröffnung des Insolvenzverfahrens) gestellt worden sein.
Bereits am 05.05.2019 hat A die beurkundeten Auflassungserklärungen beim Grundbuchamt eingereicht, sodass noch vor Eintritt der Verfügungsbeschränkung der Antrag auf Eigentumsumschreibung gestellt worden ist.

dd) Auch sind alle sonstigen notwendigen Voraussetzungen einer Rechtsänderung erfüllt, sodass im Zeitpunkt der Einreichung des Antrags beim Grundbuchamt zum Übergang des Rechts nur noch die Eintragung erforderlich war.

Beachte:
Über den Wortlaut hinaus müssen auch die sonstigen Voraussetzungen einer Rechtsänderung erfüllt sein, da § 878 letztlich nur die Nachteile des Eintragungsgrundsatzes ausschließen will. Das wäre z.B. dann nicht der Fall, wenn nach dem Eintragungsantrag noch eine Genehmigung bei einer Behörde eingeholt werden müsste, damit das Eigentum übergeht.

6. Demzufolge ist die fehlende Verfügungsbefugnis des P hier nach § 91 Abs. 2 InsO i.V.m. § 878 überwunden worden. Der Eintritt der nachträglichen Verfügungsbeschränkung durch die Eröffnung des Insolvenzverfahrens konnte den Rechtserwerb des A nicht mehr verhindern.

Somit hat P sein Eigentum am Grundstück gemäß §§ 873 Abs. 1, 925 wirksam an A übertragen.

II. Ferner müsste P **Besitzer** des Grundstücks sein.
Da er das Grundstück auch am 06.08.2019 noch im Besitz hat und die tatsächliche Sachherrschaft i.S.d. § 854 Abs. 1 darüber ausübt, ist dies vorliegend der Fall.

III. Ferner dürfte P kein Recht zum Besitz des Grundstücks gemäß § 986 haben.
P hat weder ein obligatorisches Recht, das ihn zum Besitz des Grundstücks gegenüber A berechtigt (z.B. Mietvertrag, § 535), noch hat er ein dingliches Recht zum Besitz.

Somit hat A gegenüber P einen Anspruch auf Herausgabe des Grundstücks aus §§ 985, (986).

Fall 11: Nachträgliche Entziehung der Verfügungsbefugnis

Kurz nach dem Tode des stadtbekannten Zuhälters Z entbrannte auf dem Hamburger Kiez eine heftige Auseinandersetzung potentieller Erbberechtigter um dessen Erbe. P, die die vergangenen Jahre mit Z zusammengelebt hatte, fühlt sich daher berufen, die verworrene Erbsituation zu lösen. Da alle Personen, die als potentielle Erben in Frage kommen, ausschließlich an Bargeld interessiert sind, verkauft P das Hausgrundstück des Z in Blankenese formgerecht an den A. Die Auflassung findet mit notarieller Urkunde am 01.06. statt. Den entsprechenden Antrag auf seine Eintragung im Grundbuch stellt A am 05.06. Kurz darauf meldet sich Testamentsvollstrecker T bei den Beteiligten und teilt diesen mit, dass laut des mittlerweile aufgefundenen Testaments zwar die P Erbin sei, der Z aber außerdem Testamentsvollstreckung (durch T) angeordnet habe. T hatte vom Tode des Z zunächst nichts mitbekommen und konnte daher erst am 02.07. sein Amt als Testamentsvollstrecker annehmen. Da T mit dem Grundstück andere Pläne hat, verweigert er trotz der testamentarischen Erbenstellung der P die Zustimmung zu sämtlichen ihrer Geschäfte.
A wird am 03.08. als neuer Eigentümer im Grundbuch eingetragen.

Sichtlich irritiert bittet A um Erstellung eines Gutachtens zu der Frage, ob er denn überhaupt Eigentümer des Grundstücks geworden ist.

A könnte das Eigentum am Grundstück von P gemäß §§ 873 Abs. 1, 925 erworben haben.

I. Dazu müssten sich P und A zunächst gemäß §§ 873 Abs. 1, 925 wirksam über den Eigentumsübergang geeinigt haben.
Mit notarieller Urkunde vom 01.06. erfolgte die **Auflassung** von P an A, sodass sich beide wirksam über den Eigentumsübergang am Grundstück geeinigt haben.

II. Zudem ist A auch nach § 873 Abs. 1 am 03.08. als neuer Eigentümer des Grundstücks im Grundbuch **eingetragen** worden.

III. Ferner waren sich P und A im Zeitpunkt des Vollrechtserwerbs, also nach § 873 Abs. 1 grundsätzlich im Zeitpunkt der Eintragung, auch noch **einig** darüber, dass das Eigentum am Grundstück von P auf A wechseln soll.

IV. Darüber hinaus müsste P zur Eigentumsübertragung an A im Zeitpunkt der Eintragung des A auch **berechtigt** gewesen sein.

Verfügungsbeschränkungen bzw. **Verfügungsentziehungen** (z.B. §§ 161, 1984, 2113, 2211; §§ 21 Abs. 2 Nr. 2, 80 Abs. 1 i.V.m. 81 Abs. 1 InsO) beeinträchtigen unmittelbar die Verfügungsbefugnis des Berechtigten.

Zur Eigentumsübertragung ist nur der wahre Rechtsinhaber, also der verfügungsbefugte Eigentümer oder der verfügungsbefugte Nichteigentümer, der vom wahren Rechtsinhaber zur Verfügung gemäß § 185 Abs. 1 ermächtigt oder aber gesetzlich verfügungsbefugt ist, berechtigt.

Zwar war P als testamentarische Erbin gemäß §§ 1922, 1937 zunächst mit Eintritt des Erbfalls Eigentümerin geworden. Aufgrund der durch den Erblasser aber ebenfalls testamentarisch angeordneten Testamentsvollstreckung gemäß § 2197 Abs. 1 kann P jedoch nach § 2211 gar nicht über das zum Nachlass gehörende Hausgrundstück verfügen. Der **Entzug des Ver-**

fügungsrechts des Erben im Falle der Testamentsvollstreckung **tritt nach § 2211 bereits mit dem Erbfall ein**, auch wenn der Testamentsvollstrecker sein Amt noch nicht angenommen hat.[34]

Das bedeutet, dass der P bereits vom Zeitpunkt ihres Eigentumserwerbes an (also seit dem Eintritt des Erbfalls) jegliche dingliche Verfügungsbefugnis entzogen war.

Solange der zum Testamentsvollstrecker ernannte sein Amt nicht gemäß § 2202 Abs. 1 angenommen hat, sind Verfügungen der Erben also schwebend unwirksam. Sollte es endgültig nicht zu einer Amtsannahme kommen, werden die vorher schwebend unwirksamen Verfügungen der Erben aber ex tunc wirksam.[35]

Folglich ist P nicht verfügungsbefugte Eigentümerin und somit zur Eigentumsübertragung an A im Zeitpunkt der Eintragung des A auch grundsätzlich nicht berechtigt.

V. Ausnahmsweise könnte die fehlende Verfügungsbefugnis der P hier jedoch überwunden worden sein.

1. In Betracht kommt zunächst eine **Genehmigung** des kraft seines Amtes verfügungsbefugten Nichteigentümers und damit Berechtigten T nach § 185 Abs. 2 Var. 1.

Die Verfügung der P vom 01.06. war unwirksam, allerdings nicht nichtig (s.o.). An einer Genehmigung des T, also einer nachträglichen Zustimmung i.S.d. § 184, die auf den Zeitpunkt der Vornahme des Rechtsgeschäfts zurückwirkt, fehlt es hier jedoch. T plante mit dem Grundstück etwas anderes und verweigerte daher ausdrücklich die Zustimmung.

Mithin wird die fehlende Verfügngsbefugnis der P auch nicht durch Genehmigung des T nach § 185 Abs. 2 Var. 1 überwunden.

2. Jedoch könnte die fehlende Verfügungsbefugnis der P nach § 878 überwunden worden sein.

Dazu müsste zunächst eine **Verfügungserklärung des Berechtigten** i.S.d. §§ 873, 875, 877 vorliegen.

Indem P das Grundstück formgerecht an A auflässt, liegt eine Verfügungserklärung i.S.d. § 873 Abs. 1 vor. Jedoch war P trotz der verspäteten Amtsannahme des T aufgrund der Wirkung des § 2211 (s.o.) bereits zum Zeitpunkt des Erbfalls die Verfügungsbefugnis entzogen. Damit fehlte es von vornherein an der Berechtigung zur Eigentumsübertragung.

Somit liegt keine Verfügungserklärung eines Berechtigten i.S.d. § 873 Abs. 1 vor. Folglich kann die fehlende Verfügungsbefugnis der P auch nicht gemäß § 878 überwunden werden.

Die fehlende Berechtigung der P zur Eigentumsübertragung kann somit weder gemäß § 185 Abs. 2 Var. 1 noch gemäß § 878 überwunden werden.

VI. Jedoch erwirbt der gutgläubige A, der bei der Auflassung mit P das Bestehen einer Testamentsvollstreckung nicht kannte bzw. jedenfalls **gutgläubig** annahm, dass das Hausgrundstück nicht der Verwaltung des T unterliegt, von der nichtberechtigten P das Eigentum an dem Grundstück gemäß §§ 2211 Abs. 2, 892.

Der Erwerb des Grundeigentums vom Nichtberechtigten wird im Einzelnen im 2. Teil behandelt (*vgl. Fall 12 ff.*).

34 BGHZ 25, 275, 282; Palandt/Weidlich § 2211 Rn. 2.
35 Vgl. BeckOK/Lange § 2211 Rn. 5.

Folglich hat A das Eigentum am Grundstück im **Ergebnis** gutgläubig von P gemäß §§ 873 Abs. 1, 925 i.V.m. §§ 2211 Abs. 2, 892 erworben.

Anmerkung:

Bei derselben Verfügungsbeschränkung schließen sich § 878 und § 892 aus.[36] *Denn § 878 regelt den Fall, dass die Verfügungsbeschränkung nach der Antragstellung eintritt, während sie bei § 892 vorher eingetreten sein muss (vgl. § 892 Abs. 2).*

36 Palandt/Herrler § 878 Rn. 3; Rahn NJW 1959, 97.

2. Teil: Der Erwerb des Grundeigentums vom Nichtberechtigten

Fall 12: Die Übereignung eines Grundstücks durch den Nichtberechtigten (Grundfall)

Nach dem Tode seines Vaters V kehrt S, der einzige Sohn des V, in seinen sächsischen Heimatort nahe des Vogtlandes zurück. Auch wenn er früher die ländliche Idylle stets zu schätzen wusste, möchte er heute hier nicht „tot über dem Zaun hängen". So reift in ihm schnell der Entschluss, die Hinterlassenschaft seines Vaters aufzulösen.
Nachdem er sich einen Erbschein hat ausstellen lassen, übereignet S nach und nach neben unzähligen beweglichen Gegenständen auch das väterliche Grundstück formgerecht unter Vorlage des auf ihn ausgestellten Erbscheins an X. X wird im Grundbuch eingetragen. Kurze Zeit später findet S heraus, dass V zwar im Grundbuch als Eigentümer des Grundstücks eingetragen war, ihm aber das Grundstück in Wahrheit gar nicht gehörte. Als dann auch noch der wahre Grundstückseigentümer Y bei S und X vorstellig wird und Ansprüche am Grundstück anmeldet, scheint das Chaos perfekt zu sein. Zwar hatte X schon zu Lebzeiten des V von Gerüchten über eine Eigentümerstellung des Y gehört, diese aber für übliches „Dorfgerede" gehalten und ihnen daher keine Bedeutung beigemessen. Aus Sorge, dass an den Gerüchten „etwas dran" sein könnte, hatte auch S dem X nichts davon erzählt. Schließlich sollte das Geschäft ja zustande kommen.

Da Y nicht gewillt ist, auf sein Grundstück zu verzichten und sich als rechtmäßiger Eigentümer des Grundstücks betrachtet, erhebt er gegenüber X Klage auf Zustimmung zur Grundbuchberichtigung.

Wird die zulässige Klage Erfolg haben?

Die zulässige Klage hat Erfolg, wenn sie begründet ist.

Das ist der Fall, wenn Y gegenüber X ein materiell-rechtlicher Anspruch auf Zustimmung zur Grundbuchberichtigung zusteht. Ein Grundbuchberichtigungsanspruch des Y gegenüber X könnte sich aus § 894 ergeben.

Dann müsste zunächst das **Grundbuch unrichtig** sein.

Das ist der Fall, wenn die formelle Grundbuchlage mit der materiellen Grundbuchlage nicht übereinstimmt.

I. Nach der formellen Grundbuchlage, also der Eintragung im Grundbuch zufolge, ist X neuer Eigentümer des Grundstücks.

II. Fraglich ist jedoch, ob X auch materiell-rechtlich neuer Eigentümer des Grundstücks geworden ist. Das wäre dann der Fall, wenn X das Eigentum am Grundstück gemäß §§ 873 Abs. 1, 925 von S erworben und nicht wieder verloren hat.

1. Vorliegend hat S das väterliche Grundstück an X gemäß §§ 873 Abs. 1, 925 formgerecht **aufgelassen**.

2. Ferner ist X als neuer Eigentümer des Grundstücks im Grundbuch **eingetragen** worden, § 873 Abs. 1.

3. Darüber hinaus waren sich S und X gemäß § 873 Abs. 1 im Zeitpunkt der Eintragung auch **noch einig** darüber, dass das Eigentum am Grundstück nunmehr dem X zustehen soll.

4. S müsste ferner **berechtigt** gewesen sein. Berechtigt ist der verfügungsbefugte Eigentümer oder der verfügungsbefugte Nichteigentümer, der zur Verfügung gemäß § 185 Abs. 1 ermächtigt oder aber kraft Gesetzes verfügungsbefugt ist.

Ein Eigentumserwerb des S nach § 1922 Abs. 1 im Wege der Universalsukzession setzt voraus, dass der Erblasser V bereits Eigentümer des Grundstücks war. Das ist hier nicht der Fall, sodass ein Eigentumserwerb des S nach § 1922 Abs. 1 ausscheidet. Der gute Glaube des Erben an die Zugehörigkeit einer Sache zur Erbmasse ist indes nicht geschützt; ein gutgläubiger Erwerb durch den Erben ist somit nicht möglich. Daran ändert auch die Erteilung des Erbscheins zugunsten des S nichts; lediglich der Dritte, also der X, wird gemäß §§ 2365 ff. durch den Erbschein geschützt.

Demnach war S nicht zur Eigentumsübertragung berechtigt.

Merke:
Der Erwerb vom Nichtberechtigten sollte in einem eigenen Punkt nach der Feststellung der fehlenden Berechtigung geprüft werden, um so Wiederholungen zu vermeiden.

5. Mangels Berechtigung des S könnte X daher das Grundstück nur **gutgläubig vom Nichtberechtigten S nach § 892 erworben** haben.

a) Dann müsste die Übereignung des Grundstücks gemäß § 892 zunächst ein **Rechtsgeschäft im Sinne eines Verkehrsgeschäftes** darstellen.

X erwirbt das Grundstück von S im Wege rechtsgeschäftlicher Übertragung und nicht etwa durch Erbschaft, Ersitzung, etc. Ein Verkehrsgeschäft liegt dann vor, wenn bei dem Rechtsgeschäft auf Erwerberseite (wirtschaftlich gesehen) mindestens eine Person beteiligt ist, die nicht auch auf Veräußererseite beteiligt ist *(vgl. dazu Fall 14)*.[37] Bei X handelt es sich auch wirtschaftlich gesehen um eine andere Person als S.

Es liegt mithin ein Rechtsgeschäft im Sinne eines Verkehrsgeschäftes vor.

b) Ferner müsste das **Grundbuch** gemäß § 892 **unrichtig** sein.
Maßgebend ist insoweit der Grundbuchinhalt zum Zeitpunkt der Vollendung des Rechtserwerbs, hier also zum Zeitpunkt der Eintragung des X. Im Grundbuch ist zu diesem Zeitpunkt V als Eigentümer des in Wahrheit dem Y gehörenden Grundstücks eingetragen. Mithin ist das Grundbuch gemäß § 892 unrichtig.

Der „Rechtsschein" des Grundbuchs legitimiert den Verfügenden, was durch § 2366 für den Scheinerben erweitert wird.

c) Darüber hinaus müsste sich der verfügende S gemäß § 892 aufgrund der Grundbuchlage zur Verfügung über das Eigentum am Grundstück **legitimieren.**

Als Erbe war S nie selbst im Grundbuch eingetragen, sondern nur sein Vater, der Erblasser V. Daher konnte sich S persönlich gegenüber X auch nicht aufgrund der reinen Grundbuchlage nach § 892 legitimieren. Wenn der Erbe im Grundbuch bereits als (neuer) Eigentümer eingetragen ist, kommen

37 Palandt/Herrler § 892 Rn. 5.

für den gutgläubigen Erwerb lediglich die Vorschriften über den öffentlichen Glauben des Grundbuchs (§§ 891 ff.) in Betracht.[38] War hingegen – wie hier – noch der Erblasser eingetragen, so gelten zusätzlich die Vorschriften über den Erbschein (§§ 2365 ff.) und der Erwerber wird bzgl. des Mangels des Verfügungsrechts des Veräußerers durch den Erbschein geschützt.[39]

Das bedeutet, dass selbst wenn S sich vor der Verfügung an X nicht als Eigentümer des väterlichen Grundstücks eintragen lässt, was er aufgrund des auf ihn ausgestellten Erbscheins durchaus hätte bewirken können, er sich gleichwohl gegenüber X zur Verfügung über das Eigentum am Grundstück kraft des auf ihn ausgestellten Erbscheins gemäß § 2366 legitimiert.

Mithin liegt hier eine Legitimation des Verfügenden (nicht allein aufgrund der Grundbuchlage, aber kraft des auf ihn ausgestellten Erbscheins) vor.

d) Ferner müsste der Erwerber X gemäß § 892 **gutgläubig** sein.

Die Gutgläubigkeit des Erwerbers wird gemäß § 892 Abs. 1 vermutet („es sei denn") und ist gemäß § 892 Abs. 1 S. 1 nur ausgeschlossen, wenn ihm die Unrichtigkeit des Grundbuchs bekannt ist. Dabei bezieht sich der Gutglaubensschutz gemäß § 892 Abs. 1 S. 1 auf eingetragene Rechte und gemäß § 892 Abs. 1 S. 2 auf nicht eingetragene und gelöschte relative Verfügungsbeschränkungen.

Vorliegend hielt es X aufgrund der sich um die Eigentümerstellung des Y rankenden Gerüchte zwar jedenfalls für möglich, dass S mit dem Tode des V nicht Eigentümer des Grundstücks geworden ist, aber er wusste es nicht sicher und hatte somit nach § 892 Abs. 1 S. 1 keine positive Kenntnis von der fehlenden Eigentümerstellung des S. Vielmehr ging er aufgrund des ihm vorgelegten Erbscheins sogar davon aus, vom wahren Erben das Grundstück zu erwerben. Auch hielt er den S nicht für in der Verfügung über das Grundstückseigentum beschränkt.

Beachte:
Nach §§ 892 Abs. 1 S. 1, 2366 kann ein doppelt Gutgläubiger sogar vom falschen Erbscheinserben ein Recht erwerben, das fälschlich für den Erblasser eingetragen ist.[40]

Somit war X gemäß § 892 gutgläubig.

e) Darüber hinaus dürfte gemäß § 899 **kein Widerspruch** gegen die Richtigkeit des Grundbuchs eingetragen worden sein.

Ein Widerspruch muss insoweit wirksam für den wahren Berechtigten Y eingetragen und begründet sein, was aber vorliegend nicht der Fall ist.

Somit erwirbt X das Grundstück vom Nichtberechtigten S gemäß § 892, sodass er auch materiell-rechtlich Eigentümer des Grundstücks geworden ist.

Folglich stimmt die formelle mit der materiellen Grundbuchlage überein, sodass das Grundbuch richtig ist. Y hat gegenüber X somit im **Ergebnis** keinen Anspruch auf Zustimmung zur Grundbuchberichtigung aus § 894, sodass die zulässige Klage unbegründet ist und folglich keinen Erfolg hat.

Mangels Unrichtigkeit des Grundbuchs bedarf es hier keiner Erörterung der weiteren Voraussetzungen von § 894.

38 Palandt/Weidlich § 2366 Rn. 5.
39 BGHZ 57, 341, 342; Palandt/Weidlich § 2366 Rn. 5.
40 BGHZ 57, 341, 342 f. = BGH NJW 1972, 434, 435.

Fall 13: Kein Rechtsgeschäft bei vorweggenommener Erbfolge

A ist durch die Reform des Erbschaftssteuerrechts irritiert. Da er irrtümlicherweise im Grundbuch als Eigentümer eines in Wahrheit dem E gehörenden Hausgrundstücks eingetragen ist, überträgt er dieses im Wege vorweggenommener Erbfolge an seine Enkel B und C, um die „Erbschaftsangelegenheiten" so früh wie möglich erledigt zu haben. Die Enkel werden je zur Hälfte als Miteigentümer im Grundbuch eingetragen. Nachdem E alles erfahren hat, ist er schockiert und verlangt umgehend das Grundstück von den ahnungslosen B und C, die es bereits in Besitz genommen haben, heraus.

Zu Recht?

E könnte gegenüber B und C einen Anspruch auf Herausgabe des Grundstücks aus §§ 985, (986) haben.

I. Dazu müsste E gemäß § 985 zunächst Eigentümer des herausverlangten Grundstücks sein.

Ursprünglich war dies der Fall; das Grundstück stand im Eigentum des E. Er könnte jedoch sein Eigentum daran verloren haben, indem A es gemäß §§ 873 Abs. 1, 925 an B und C übertragen hat.

1. A hat das Grundstück formgerecht an seine Enkel B und C gemäß §§ 873 Abs. 1, 925 **aufgelassen**.

2. B und C sind zudem als neue (Mit-)Eigentümer des Grundstücks im Grundbuch **eingetragen** worden, § 873 Abs. 1.

3. Darüber hinaus waren sich A, B und C gemäß § 873 Abs. 1 im Zeitpunkt der Eintragung auch **noch einig** darüber, dass das Eigentum am Grundstück nunmehr hälftig B und C zustehen soll.

4. Jedoch war A weder verfügungsbefugter Eigentümer noch verfügungsbefugter Nichteigentümer des Grundstücks des E und damit **nicht zur Eigentumsübertragung berechtigt**.

5. Mangels Berechtigung des A könnten B und C folglich das Grundstück nur **gutgläubig** vom Nichtberechtigten A nach § 892 erworben haben.

Dann müsste die Übereignung des Grundstücks von A auf B und C gemäß § 892 zunächst ein Rechtsgeschäft im Sinne eines Verkehrsgeschäftes darstellen.

A überträgt das Grundstück im Wege vorweggenommener Erbfolge auf seine Enkel B und C. Das bedeutet, dass ein Rechtsgeschäft vorgenommen wird, mit dem ein (künftiger) Erblasser schon zu Lebzeiten sein Vermögen (oder einen wesentlichen Teil davon) auf einen oder mehrere, als künftige Erben in Aussicht genommene, Empfänger überträgt.[41] Die vorweggenommene Erbfolge soll, lediglich zeitlich vorgezogen, (teilweise) die Wirkungen des § 1922 schon zu Lebzeiten der Beteiligten herbeiführen.

41 BGHZ 113, 310, 312 f.; Palandt/Weidlich vor § 1922 Rn. 6.

Als **Rechtsgeschäft i.S.d. § 892** wird jedoch nur ein auf dingliche Rechtsänderung gerichtetes Rechtsgeschäft geschützt.[42] Zwar beinhaltet die vorweggenommene Erbfolge im vorliegenden Fall durch die Übertragung von Grundstückseigentum nach §§ 873 Abs. 1, 925 ein auf dingliche Rechtsänderung gerichtetes Rechtsgeschäft, aber zugleich nimmt dieses Rechtsgeschäft einen ungeschützten gesetzlichen Erwerb nach § 1922 vorweg. Der Gedanke des Vertrauensschutzes, der § 892 zugrunde liegt, ist daher auf Fälle der vorweggenommenen Erbfolge nicht gleichermaßen anwendbar, da der insofern Erwerbende auch bei einem Erwerb im regulären Erbgang nicht geschützt wäre.

Somit stellt die vorweggenommene Erbfolge bereits kein Rechtsgeschäft i.S.v. § 892 dar.[43]

Folglich haben B und C das Grundstück nicht gutgläubig vom Nichtberechtigten A nach § 892 erworben, sodass E Eigentümer des Grundstücks geblieben ist.

II. Ferner müssten B und C gemäß § 985 **Besitzer** des Grundstücks sein.

B und C haben das Grundstück bereits in Besitz genommen und somit gemäß § 854 Abs. 1 tatsächliche Sachherrschaft daran begründet.

Folglich sind B und C zum maßgeblichen Zeitpunkt Besitzer des Grundstücks.

III. Des Weiteren dürften B und C kein Recht zum Besitz des Grundstücks i.S.d. § 986 haben.

B und C haben mit E keinen wirksamen Grundstückskaufvertrag gemäß §§ 433, 311b Abs. 1 oder ein vergleichbares Kausalgeschäft abgeschlossen (§ 986 Abs. 1 S. 1 Var. 1) und können auch nicht von einem Dritten ein wirksames obligatorisches Recht zum Besitz ableiten (§ 986 Abs. 1 S. 1 Var. 2, S. 2). Auch ein eigenes oder ein abgeleitetes dingliches Recht zum Besitz von B und C kommt nicht in Betracht.

Somit haben B und C gegenüber E kein Recht zum Besitz i.S.d. § 986.

Im **Ergebnis** hat E gegenüber B und C somit einen Anspruch auf Herausgabe des Grundstücks aus § 985 (§ 986).

Anmerkung:

Mit Blick auf die Fallfrage und mangels einer der Besitzerlangung von B und C zugrunde liegenden Leistungsbeziehung (Vorrang der Leistungsbeziehungen!) könnte dem Grunde nach zwar auch ein Anspruch von E gegenüber B und C aus § 812 Abs. 1 S. 1 Var. 2 zu prüfen sein. Jedoch geht man überwiegend davon aus, dass der Anspruch aus der allgemeinen Nichtleistungskondiktion des § 812 Abs. 1 S. 1 Var. 2 dann nicht gilt, wenn der Anspruchsteller ohnehin direkt aus § 985 vorgehen kann.

---

42 BGH DNotZ 1997, 383, 385; Palandt/Herrler § 892 Rn. 3.

43 BeckOK/Eckert § 892 Rn. 8 m.w.N.; (a.A. gut vertretbar, vgl. Palandt/Herrler § 892 Rn. 3; LG Görlitz, Urt. v. 12.12.2003 – 2 S 46/03).

Fall 14: Kein Verkehrsgeschäft bei rechtlicher oder wirtschaftlicher Personenidentität (Ein-Mann-GmbH-Fall)
(RG 19.10.1929 – V ZR 426/28, RGZ 126, 46 ff.)

G betreibt mehr schlecht als recht als Geschäftsführer einer „Einmann-GmbH" einen kleinen Elektrogerätehandel. Die Geräte lagert er in einem Schuppen auf dem Betriebsgrundstück. Im Zuge der betriebswirtschaftlichen Auswertung, die in diesem Jahr erstmals von einem Steuerberater erstellt wird, stellt sich heraus, dass das Grundstück gar nicht dem G, sondern seinem ehemaligen Mitgesellschafter M gehört, der schon vor langer Zeit aus der Gesellschaft ausgeschieden ist.
Um etwaigen Ansprüchen des M vorzubeugen, übereignet G es kurzentschlossen formgerecht an die eigene GmbH. Dabei unterzeichnet er die erforderlichen Verträge jeweils sowohl für sich selbst als Veräußerer- als auch für die GmbH auf Erwerberseite. Solche Geschäfte sind dem Geschäftsführer nach dem Gesellschaftsvertrag allerdings ausdrücklich erlaubt. Kurz darauf wird die GmbH als neue Eigentümerin des Grundstücks im Grundbuch eingetragen.
Als M von der ganzen Geschichte erfährt, verlangt er von der GmbH, die von G bei allen Geschäften vertreten wird, die Zustimmung zur Berichtigung des Grundbuchs. G lehnt dies ab. M ist der Ansicht, dass eine GmbH schon gar nicht gutgläubig sein könne und daher ein rechtmäßiger, gutgläubiger Grundstückserwerb ohnehin ausscheide.

Wie ist die Rechtslage?

M könnte einen Anspruch gegen die GmbH, vertreten durch G, auf Zustimmung zur Berichtigung des Grundbuchs aus **§ 894** haben.

I. Dann müsste das **Grundbuch unrichtig** sein.
Das ist der Fall, wenn die formelle Grundbuchlage mit der materiellen Grundbuchlage nicht übereinstimmt.

1. Die **formelle Grundbuchlage** weist die GmbH nach der Eintragung als neue Eigentümerin des Grundstücks aus.

2. Fraglich ist mit Blick auf die **materielle Grundbuchlage**, wer materiellrechtlich Eigentümer des Grundstücks ist. Ursprünglich war M Eigentümer des Grundstücks.

M hat sein Eigentum jedoch an die GmbH verloren, falls G der GmbH das Grundstück gemäß §§ 873 Abs. 1, 925 wirksam übertragen hat.

a) Dann müsste das Grundstück zunächst von G an die GmbH gemäß §§ 873 Abs. 1, 925 formgerecht **aufgelassen** worden sein.

G und die GmbH müssten sich daher geeinigt haben. Als juristische Person (§ 13 Abs. 3 GmbHG) kann die GmbH selbst eine solche Einigungserklärung nicht abgeben. Sie könnte jedoch nach § 164 Abs. 1 S. 1 von G vertreten worden sein.

G gab eine eigene Willenserklärung im Namen der GmbH ab. Er müsste ferner mit Vertretungsmacht gehandelt haben. Nach § 35 Abs. 1 GmbHG hat

G als Geschäftsführer der GmbH Vertretungsmacht. Diese dürfte jedoch nicht nach § 181 ausgeschlossen sein. Das ist grundsätzlich dann der Fall, wenn der Vertreter mit sich selbst und für den Vertretenen ein Rechtsgeschäft vornimmt. Hier wird G sowohl für sich selbst als auch für die GmbH tätig. Damit ist das Geschäft nach § 181 Hs. 1 grundsätzlich schwebend unwirksam. Das gilt jedoch nicht, wenn dem Vertreter ein solches Vorgehen gestattet ist (§ 181 Hs. 1) oder wenn das Geschäft ausschließlich in der Erfüllung einer Verbindlichkeit besteht (§ 181 a.E.).

Hier ist dem G nach der Regelung im Gesellschaftsvertrag die Vertretung der GmbH ausdrücklich auch bei Insichgeschäften gestattet. Demnach kommt es auf die Frage, ob das Geschäft der Erfüllung einer (wirksamen) Verbindlichkeit aus dem Kaufvertrag dient, nicht an.

Mithin war die Vertretungsmacht des G nicht ausgeschlossen und er hat das Grundstück formgerecht an die GmbH gemäß §§ 873 Abs. 1, 925 aufgelassen.

b) Die GmbH ist zudem als neue Eigentümerin des Grundstücks im Grundbuch gemäß § 873 Abs. 1 **eingetragen** worden.

c) Ferner waren sich G und die von G vertretene, eigene GmbH gemäß § 873 Abs. 1 **im Zeitpunkt der Eintragung auch noch einig** darüber, dass das Grundstück künftig der GmbH zustehen soll.

d) Es fehlte G jedoch an der zur Eigentumsübertragung am Grundstück erforderlichen **Berechtigung**. Schließlich war er weder verfügungsbefugter Eigentümer noch verfügungsbefugter Nichteigentümer des Grundstücks.

e) Mangels Berechtigung des G könnte die GmbH, vertreten durch G, das Grundstück daher nur **gutgläubig vom Nichtberechtigten G gemäß § 892 erworben** haben.

Dann müsste die Übereignung des Grundstücks von G auf die GmbH gemäß § 892 zunächst ein **Rechtsgeschäft** im Sinne eines Verkehrsgeschäftes darstellen. Indem G das Grundstück gemäß §§ 873, 925 an die GmbH auflässt, nimmt er ein auf dingliche Rechtsänderung gerichtetes Rechtsgeschäft vor. Mithin liegt durch die Grundstücksübereignung ein Rechtsgeschäft i.S.d. § 892 vor.

Fraglich ist jedoch, ob dieses Rechtsgeschäft auch ein Verkehrsgeschäft i.S.d. § 892 darstellt.

Ein Rechtsgeschäft ist immer dann ein **Verkehrsgeschäft** i.S.d. § 892, wenn auf der Erwerberseite mindestens eine Person beteiligt ist, die nicht auch auf Veräußererseite beteiligt ist.[44]
Im Hinblick darauf, dass sich hier G und die GmbH als Parteien der Auflassung gegenüber stehen und damit auf der einen Seite G als natürliche Person und auf der anderen Seite die GmbH als juristische Person am Rechtsgeschäft beteiligt ist, scheinen rechtlich gesehen zwar die Voraussetzungen für ein Verkehrsgeschäft vorzuliegen. Jedoch ist zu berücksichtigen,

Beachte:
Sinn und Zweck dieser Betrachtungsweise ist, dass auch bei Gutgläubigkeit des Geschäftsführers oder Vorstands der Gesellschaft letztere kein Eigentum erwerben können soll.

44 RGZ 126, 46, 48; Palandt/Herrler § 892 Rn. 5; Baur/Stürner Sachenrecht § 23 Rn. 26; Habersack Ex-Rep Sachenrecht Rn. 314, 150.

dass G als Geschäftsführer und alleiniger Gesellschafter wirtschaftlich gesehen mit der GmbH identisch ist. Damit auf diesem Wege nicht der von § 892 bezweckte Schutz des wahren Eigentümers umgangen wird, wird nach einhelliger Ansicht das Vorliegen eines Verkehrsgeschäftes insbesondere für den Fall verneint, dass ein Alleingesellschafter einer Kapitalgesellschaft eine ihm nicht gehörende Sache an diese übereignet.[45] Es ist daher auch eine wirtschaftliche Betrachtungsweise angezeigt.

Somit liegt kein Rechtsgeschäft im Sinne eines Verkehrsgeschäftes vor.

Folglich hat die GmbH auch nicht gutgläubig vom Nichtberechtigten G das Grundstück nach § 892 erworben.

M ist demnach materiell-rechtlich Eigentümer des Grundstücks geblieben, sodass die formelle von der materiellen Grundbuchlage abweicht.

Folglich ist das Grundbuch unrichtig.

II. Als Eigentümer des Grundstücks (s.o.) ist M also **materiell-rechtlich Berechtigter** und somit auch berechtigter Anspruchsteller i.S.v. § 892.

III. Des Weiteren müsste die GmbH als Anspruchsgegnerin **formell-rechtlich Berechtigte** sein. Die GmbH ist als neue Eigentümerin im Grundbuch eingetragen (formelle Grundbuchlage) und demgegenüber formell Berechtigte.

Mithin hat M einen Anspruch gegen die GmbH, vertreten durch G, auf Zustimmung zur Berichtigung des Grundbuchs aus § 894.

45 RGZ 126, 46, 48 f.; Baur/Stürner Sachenrecht § 23 Rn. 24; Habersack Ex-Rep Sachenrecht Rn. 150.

Fall 15: Gutgläubiger Erwerb einer Eigentumswohnung

Nachdem die Eheleute M und F ihr drittes Kind bekommen haben, benötigen sie mehr Wohnraum für die Familie. Als sie in der Zeitung auf eine zu ihren Bedürfnissen passende Eigentumswohnung stoßen, nehmen sie umgehend Kontakt mit dem Verkäufer E auf, der auch als Eigentümer im Grundbuch eingetragen ist. Von ihm erfahren sie, dass er die Wohnung vor langer Zeit von seinem Opa O geerbt und nun keine Verwendung mehr für sie hat. Kurz nach der formgerechten Auflassung und der Eintragung von M und F als je hälftige Miteigentümer der Eigentumswohnung wird das Testament des O gefunden. Im Testament hatte O jedoch nicht den E, sondern den X wirksam als Alleinerben eingesetzt.
Als X von seiner Erbschaft und den Geschäften des E erfährt, verlangt er von M und F, die mit ihrer Familie gerade eingezogen sind, die sofortige Räumung der Wohnung.

Zu Recht?

X könnte gegenüber M und F einen Anspruch auf Herausgabe (= Räumung) der Wohnung aus §§ 985, (986) haben.

Wohnungseigentum richtet sich nach dem Gesetz über das Wohnungseigentum und das Dauerwohnrecht (WEG) und wird im Wesentlichen wie Grundstückseigentum behandelt.

Um die Räumung der Wohnung von M und F verlangen zu können, müsste X gemäß § 985 zunächst **Eigentümer** der Wohnung sein.

I. Ursprünglich war O Eigentümer der Wohnung.

II. Mit dem Tode des O ist X als testamentarischer Alleinerbe im Wege gewillkürter Erbfolge nach §§ 1922, 1937 Eigentümer der Wohnung geworden (Grundsatz der Universalsukzession).

III. Fraglich ist indes, ob X sein Eigentum an der Eigentumswohnung durch die – vor der Auffindung des Testaments – erfolgte Übereignung von E an M und F verloren hat.

1. E, M und F haben sich i.S.v. §§ 873 Abs. 1, 925 über den Eigentumsübergang an der Wohnung geeinigt und diese mithin wirksam **aufgelassen**.

Während sich die originäre Einräumung und auch die Aufhebung von Wohnungseigentum nach §§ 4 Abs. 1, 2 WEG, 873 Abs. 1, 925 richtet, wird bestehendes Wohnungseigentum nur nach §§ 873 Abs. 1, 925 als „Recht an einem Grundstück" übertragen.

2. Des Weiteren sind M und F, wie von § **873 Abs. 1** vorausgesetzt, auch als neue Eigentümer im Grundbuch **eingetragen** worden.

3. Ferner waren sich E, M und F im Zeitpunkt des Vollrechtserwerbes, also gemäß § 873 Abs. 1 grundsätzlich im Zeitpunkt der Eintragung im Grundbuch, auch immer **noch** einig darüber, dass das Eigentum an der Wohnung von E auf M und F übergehen soll.

4. Zudem müsste E auch zur Eigentumsübertragung an M und F **berechtigt** gewesen sein.

Berechtigt ist der verfügungsbefugte Eigentümer oder der verfügungsbefugte Nichteigentümer, der vom wahren Rechtsinhaber zur Verfügung gemäß § 185 Abs. 1 ermächtigt oder aber gesetzlich verfügungsbefugt ist.

Jedoch war E weder verfügungsbefugter Eigentümer (das Eigentum ist mit dem Tode des O im Wege der Universalsukzession gemäß §§ 1922, 1937 auf den testamentarischen Alleinerben X übergegangen), noch verfügungsbefugter Nichteigentümer der Wohnung.

Somit war E nicht zur Verfügung über das Eigentum an der Wohnung berechtigt.

Wohnungseigentum ist „echtes Eigentum" i.S.d. § 903 und kann gutgläubig nach § 892 erworben werden.[46]

5. Mangels Berechtigung des E könnten M und F das Wohnungseigentum daher nur **gutgläubig vom Nichtberechtigten E nach § 892** erworben haben.

a) Die Übereignung der Wohnung von E an die Eheleute M und F erfolgte, wie für einen gutgläubigen Erwerb nach § 892 erforderlich, durch ein **Rechtsgeschäft i.S.e. Verkehrsgeschäftes**.

b) Des Weiteren müsste das **Grundbuch gemäß § 892 unrichtig** gewesen sein.

Das ist der Fall, wenn die formelle Grundbuchlage mit der materiellen Grundbuchlage nicht übereinstimmt. Dies ist insbesondere dann der Fall, wenn die durch den Grundbuchinhalt dargestellte Rechtslage bzgl. des Eigentums, den beschränkt dinglichen Rechten und solchen an ihnen nach Bestand, Rechtsinhalt und Rechtsinhaberschaft nicht mit der wirklichen Rechtslage übereinstimmt.[47]

Zum Zeitpunkt der Eintragung von M und F war E als Eigentümer der in Wahrheit dem testamentarischen Alleinerben X gehörenden Wohnung im Grundbuch eingetragen, sodass die formelle Grundbuchlage mit der materiellen Grundbuchlage nicht übereinstimmt.

Mithin ist das Grundbuch gemäß § 892 unrichtig.

c) Darüber hinaus müsste sich der über das Wohnungseigentum verfügende E gemäß § 892 auch aufgrund der Grundbuchlage als zur Verfügung über das Wohnungseigentum berechtigt **legitimieren**.

E war als Eigentümer eingetragen, sodass er sich zur Verfügung über das Wohnungseigentum gerade aufgrund der Grundbuchlage gemäß § 892 legitimierte.

Anders als bei beweglichen Sachen (§ 932 Abs. 2) schadet bei unbeweglichen Sachen (§ 892 Abs. 1) nur die positive Kenntnis.[48]

d) Ferner müssten die Erwerber M und F beim Wohnungseigentumserwerb gemäß § 892 gutgläubig gewesen sein.

Die Gutgläubigkeit des Erwerbers wird gemäß § 892 Abs. 1 vermutet („es sei denn") und ist gemäß § 892 Abs. 1 S. 1 nur ausgeschlossen, wenn ihm die Unrichtigkeit des Grundbuchs bekannt ist.

M und F wussten nichts von der Unrichtigkeit des Grundbuchs. Sie gingen vielmehr davon aus, dass E auch der wahre Eigentümer der Eigentumswoh-

46 Vgl. BGHZ 109, 179, 183.

47 RGZ 132, 419; 163, 62; BGH NJW 1969, 93; Staudinger/Picker § 894 Rn. 19; Palandt/Herrler § 894 Rn. 2.

48 Siehe zur Wissenszurechnung: Petersen Jura 2008, 914 ff.

nung ist, so wie es im Grundbuch eingetragen war. Eine Erkundigungspflicht des Erwerbers besteht ohnehin nicht[49] und selbst bei zweifelhafter Lage ergäbe sich die Kenntnis der Unrichtigkeit nicht schon aus der Kenntnis der sie begründenden Tatsachen.[50]

Somit waren M und F gemäß § 892 gutgläubig.

e) Des Weiteren ist auch **kein Widerspruch** gegen die Richtigkeit des Grundbuchs gemäß § 899 im Grundbuch eingetragen.

Mithin haben M und F das Wohnungseigentum vom Nichtberechtigten E gemäß § 892 gutgläubig erworben. X hat sein Wohnungseigentum folglich durch die Übereignung von E an M und F gemäß §§ 873 Abs. 1, 925 verloren und ist zum maßgeblichen Zeitpunkt also nicht mehr – wie von § 985 vorausgesetzt – Eigentümer.

Somit hat X gegenüber M und F im **Ergebnis** keinen Anspruch auf Herausgabe (= Räumung) der Wohnung aus §§ 985, (986).

49 BayObIG NJW-RR 1989, 907, 909; Palandt/Herrler § 892 Rn. 24.
50 RGZ 156, 122, 128; Palandt/Herrler § 892 Rn. 24.

Fall 16: Der Gutglaubensschutz bei Verfügungsbeschränkungen nach § 892 Abs. 1 S. 2

A ist als rechtmäßiger Eigentümer eines Grundstücks im Grundbuch eingetragen. Seine Spielsucht hat ihn in den Ruin getrieben, sodass im März 2019 über sein Vermögen das Insolvenzverfahren eröffnet und im Grundbuch vermerkt wird. Gleichwohl kann A nicht vom Glücksspiel lassen. Im Dezember desselben Jahres gewinnt er tatsächlich beim Roulette einer staatlichen Spielbank eine Million Euro. Von allen Geldsorgen befreit, veranlasst er die Aufhebung des Insolvenzverfahrens, was aber im Grundbuch nicht eingetragen wird. Dem nunmehr amtsenthobenen Insolvenzverwalter I missfällt der plötzliche Reichtum des A so sehr, dass er am 12.02.2020 aus purer Boshaftigkeit das Grundstück des A unter Vorlage eines Grundbuchauszuges an B veräußert.
Nach formgerechter Auflassung und Eintragung des B, der die ganze Zeit über völlig ahnungslos war, erfährt A im April 2020 von dem Vorgehen des I. Er klärt B über die Amtsenthebung des I auf und verlangt umgehend die Berichtigung des Grundbuchs.

Kann A von B Zustimmung zur Berichtigung des Grundbuchs verlangen?

A könnte gegenüber B einen Anspruch auf Zustimmung zur Berichtigung des Grundbuchs aus § 894 haben.

I. Dann müsste zunächst das **Grundbuch unrichtig** sein.
Das ist der Fall, wenn die formelle Grundbuchlage mit der materiellen Grundbuchlage nicht übereinstimmt. Dies wiederum ist insbesondere dann der Fall, wenn die durch den Grundbuchinhalt dargestellte Rechtslage bzgl. Eigentum, beschränkt dinglichen Rechten und solchen an ihnen nach Bestand, Rechtsinhalt und Rechtsinhaberschaft nicht mit der wirklichen Rechtslage übereinstimmt.[51]

1. Die **formelle Grundbuchlage** weist den B nach entsprechender Eintragung als neuen Eigentümer des Grundstücks aus.

2. Fraglich ist mit Blick auf die **materielle Grundbuchlage**, wer materiellrechtlich **Eigentümer** des Grundstücks ist.

Der ursprüngliche Eigentümer A könnte durch die eigenmächtige Übereignung des I an B sein Eigentum am Grundstück gemäß §§ 873 Abs. 1, 925 verloren haben.

a) Dazu müsste sich der Insolvenzverwalter I zunächst wirksam mit B i.S.d. §§ 873 Abs. 1, 925 über die Grundstücksübertragung geeinigt haben. Indem I das Grundstück formgerecht an B **aufgelassen** hat, ist dies hier der Fall.

b) Zudem ist B gemäß § 873 Abs. 1 als neuer Eigentümer des Grundstücks im Grundbuch **eingetragen** worden.

---

51 RGZ 132, 419; 163, 62; BGH NJW 1969, 93; Staudinger/Picker § 894 Rn. 19; Palandt/Herrler § 894 Rn. 2.

c) Darüber hinaus waren sich I und B im Zeitpunkt des Vollrechtserwerbs, also gemäß § 873 Abs. 1 grundsätzlich im Zeitpunkt der Eintragung, auch noch **einig** darüber, dass das Eigentum am Grundstück auf B übergehen soll.

d) Ferner müsste der Insolvenzverwalter I zur Eigentumsübertragung am Grundstück auch **berechtigt** gewesen sein.

Berechtigt ist der verfügungsbefugte Eigentümer oder der verfügungsbefugte Nichteigentümer, der vom wahren Rechtsinhaber zur Verfügung gemäß § 185 Abs. 1 ermächtigt oder aber gesetzlich verfügungsbefugt ist.

I war zum maßgeblichen Zeitpunkt jedoch weder verfügungsbefugter Eigentümer noch verfügungsbefugter Nichteigentümer, der vom wahren Rechtsinhaber A zur Verfügung nach § 185 Abs. 1 ermächtigt oder aber nach § 80 Abs. 1 InsO gesetzlich verfügungsbefugt ist (*vgl. dazu Fall 14*). Schließlich war noch vor Aufnahme der Vertragsverhandlungen zwischen I und B das Insolvenzverfahren nach § 212 S. 1 InsO wegen Wegfalls des Eröffnungsgrundes wieder eingestellt worden, sodass A mit der Einstellung nach § 215 Abs. 2 InsO das Recht zurückerhält, über die Insolvenzmasse frei zu verfügen. Somit ist dem Insolvenzverwalter I ab diesem Zeitpunkt die Verfügungsbefugnis wieder entzogen.

Insolvenzverwalter I war mithin zur Eigentumsübertragung am Grundstück nicht berechtigt.

e) Mangels Berechtigung des I könnte B daher das Grundstück nur gutgläubig vom Nichtberechtigten I nach § 892 erworben haben.

aa) Das nach § 892 erforderliche **Rechtsgeschäft i.S.e. Verkehrsgeschäftes** liegt infolge der dinglichen Einigung über die Grundstücksübertragung zwischen I und B vor.

bb) Ferner müsste das **Grundbuch** gemäß § 892 **unrichtig** sein.

Im Grundbuch ist zum relevanten Zeitpunkt noch immer die Durchführung eines Insolvenzverfahrens und damit die Verfügungsbefugnis des I eingetragen. Nach zwischenzeitlicher Einstellung des Insolvenzverfahrens entspricht dies jedoch nicht mehr der wahren Rechtslage.

Mithin ist das Grundbuch unrichtig.

Die Vorlage des Grundbuchauszuges ist für die Legitimation nicht erforderlich, es reicht die Tatsache der Eintragung als Insolvenzverwalter.

cc) Darüber hinaus **legitimiert** sich I, wie für einen gutgläubigen Eigentumserwerb nach § 892 erforderlich, auch als verfügungsbefugter Nichteigentümer kraft des Grundbuchinhaltes.

d) Ferner müsste der Erwerber B gemäß § 892 **gutgläubig** sein.

Die Gutgläubigkeit des Erwerbers wird gemäß § 892 Abs. 1 vermutet („es sei denn") und ist gemäß § 892 Abs. 1 S. 1 nur ausgeschlossen, wenn ihm die Unrichtigkeit des Grundbuchs bekannt ist.

Dabei bezieht sich der Gutglaubensschutz gemäß § 892 Abs. 1 S. 1 auf **eingetragene Rechte** und gemäß § 892 Abs. 1 S. 2 auf **nicht eingetragene und gelöschte relative Verfügungsbeschränkungen**.

Merke: Der gutgläubige Erwerb bei bestehender Verfügungsbeschränkung (z.B. §§ 161, 1984, 2113, 2211; §§ 21 Abs. 2 Nr. 2, 80 Abs. 1 i.V.m. 81 Abs. 1 InsO) wird von § 892 Abs. 1 S. 2 abschließend geregelt.

(1) Der hier im Grundbuch eingetragene Insolvenzvermerk (§ 32 Abs. 1 Nr. 1 InsO) stellt jedoch für sich genommen kein Recht an einem Grundstück dar, sodass ein Schutz des diesbezüglichen Vertrauens unter dem Gesichtspunkt des § 892 Abs. 1 S. 1 nicht in Betracht kommt.

(2) Fraglich ist aber, ob das sich aus der Eintragung eines Insolvenzvermerks ergebende Vertrauen des Erwerbers auf die Verfügungsbefugnis des Insolvenzverwalters nach § 892 Abs. 1 S. 2 geschützt ist.

Die Regelung des § 892 Abs. 1 S. 2 statuiert, dass eine Verfügungsbeschränkung des grds. Berechtigten, die nur zugunsten einer bestimmten Person wirkt (= relative Verfügungsbeschränkung) nur dann dem Erwerber gegenüber wirksam ist, wenn sie aus dem Grundbuch ersichtlich oder dem Erwerber bekannt ist. Ist eine tatsächlich bestehende relative Verfügungsbeschränkung also nicht im Grundbuch eingetragen und dem Erwerber auch nicht bekannt, so kann dieser das Recht gutgläubig erwerben. **Geschützt wird folglich nur der gute Glaube daran, dass keine Beschränkung für den Berechtigten besteht.** Sobald hingegen eine Verfügungsbeschränkung eingetragen ist, scheidet ein gutgläubiger Erwerb nach § 892 Abs. 1 S. 2 aus.

Hier war B hinsichtlich des eigenmächtigen Handelns des I während der gesamten Übereignung völlig ahnungslos. Er glaubte daher an die Berechtigung des I, als Insolvenzverwalter über das Grundstück des A verfügen zu dürfen. Diese Konstellation – also letztendlich das Vertrauen auf die sich aus einer tatsächlich eingetragenen Verfügungsbeschränkung ergebende Verfügungsbefugnis eines Dritten (hier § 80 Abs. 1 InsO) – fällt nach dem oben Dargelegten jedoch gerade nicht unter § 892 Abs. 1 S. 2. Aus dem Wortlaut der Vorschrift ergibt sich, dass ausschließlich der gute Glaube an das Nichtbestehen einer Verfügungsbeschränkung und nicht an das Bestehen einer eingetragenen Verfügungsbeschränkung geschützt werden soll.

Folglich ist § 892 Abs. 1 S. 2 hier nicht einschlägig, sodass B nicht gutgläubig i.S.d. § 892 ist.

Damit hat B das Grundstückseigentum nicht gutgläubig vom Nichtberechtigten I nach § 892 erworben.

e) A ist demzufolge Eigentümer des Grundstücks geblieben, sodass die materielle Grundbuchlage mit der formellen Grundbuchlage nicht übereinstimmt.

Mithin ist das Grundbuch gemäß § 894 unrichtig.

II. Ferner müsste der Anspruchsteller A materiell Berechtigter sein.
A ist materiell-rechtlich verfügungsbefugter Eigentümer seines Grundstücks (s.o.) und damit auch materiell Berechtigter.

III. Zudem müsste B als Anspruchsgegner formell Berechtigter sein.
Nach seiner Eintragung weist das Grundbuch B als neuen Eigentümer des Grundstücks und damit als formell Berechtigten aus.

Folglich hat A gegenüber B im **Ergebnis** einen Anspruch auf Zustimmung zur Berichtigung des Grundbuchs aus § 894.

Fall 17: Die Eintragung eines Widerspruchs gegen die Richtigkeit des Grundbuchs

Um sich wenigstens einmal im Leben als Hauseigentümer zu fühlen, trägt sich der Grundbuchbeamte G zu Unrecht als Eigentümer eines unbewohnten Hausgrundstücks im Grundbuch ein. Das Grundstück verkauft er dann formgerecht an den gutgläubigen X und lässt es bei gleichzeitiger Anwesenheit beider Teile vor der zuständigen Stelle auch an diesen auf.
Zu seinem Glück erfährt der wahre Eigentümer E kurz vor der Eintragung des X von der Amtspflichtverletzung des G. Umgehend erwirkt E per einstweiliger Verfügung die Eintragung eines Widerspruchs gegen die Richtigkeit des Grundbuchs. Zwischenzeitlich ist jedoch X nach Rücksprache mit G schon in das leerstehende Haus eingezogen.
Von E über die Vorgänge aufgeklärt, entgegnet X, dass dem Grundbuchamt sein Eintragungsantrag bereits vorläge. Als er diesen eingereicht habe, hätte er von alledem doch noch gar nichts gewusst. Er rechne daher beinahe stündlich mit der Nachricht vom Grundbuchamt über seine Eintragung.

Ist X – unterstellt, das Grundbuchamt habe ihn tatsächlich als solchen eingetragen – Eigentümer des Grundstücks geworden?

Wird das Grundbuchamt den X überhaupt als neuen Eigentümer des Hausgrundstücks im Grundbuch eintragen, wenn G bislang weder die seinerseits erforderliche Auflassungserklärung vorgelegt, noch einen Eintragungsantrag gesellt hat?

1. Frage: Eigentümerstellung des X (bei unterstellter Eintragung im Grundbuch)

I. Ursprünglich war E Eigentümer des Hausgrundstücks.

II. E könnte sein Eigentum jedoch an X verloren haben, falls G das Hausgrundstück gemäß §§ 873 Abs. 1, 925 wirksam an X übereignet hat.

1. Dazu müssten sich G und X zunächst wirksam i.S.d. **§§ 873 Abs. 1, 925** über die Grundstücksübertragung geeinigt haben. Indem G das Grundstück bei gleichzeitiger Anwesenheit beider Teile vor der zuständigen Stelle an X **aufgelassen** hat, ist dies hier geschehen.

2. Ferner ist X auch als neuer Eigentümer im Grundbuch gemäß § 873 Abs. 1 **eingetragen** worden.

3. Darüber hinaus müssten sich G und X im Zeitpunkt des Vollrechtserwerbs, also gemäß § 873 Abs. 1 grundsätzlich im Zeitpunkt der Eintragung, auch noch **einig** darüber gewesen sein, dass das Eigentum am Grundstück auf X übergehen soll.

Mangels abweichender Anhaltspunkte und mit Blick darauf, dass G das Grundstück unbedingt an X übereignen möchte, ist hier auch vom Vorliegen des Einigseins im Zeitpunkt der Eintragung gemäß § 873 Abs. 1 auszugehen.

4. Ferner müsste G zur Eigentumsübertragung am Grundstück auch **berechtigt** gewesen sein.
Berechtigt ist der verfügungsbefugte Eigentümer oder der verfügungsbefugte Nichteigentümer, der vom wahren Rechtsinhaber zur Verfügung gemäß § 185 Abs. 1 ermächtigt oder aber gesetzlich verfügungsbefugt ist.
G war jedoch weder verfügungsbefugter Eigentümer noch verfügungsbefugter Nichteigentümer des Hausgrundstücks und somit zur Eigentumsübertragung an X nicht berechtigt.

5. Mangels Berechtigung des G könnte X das Eigentum an dem Grundstück nur **gutgläubig** vom Nichtberechtigten G nach § 892 erworben haben.

a) Das gemäß § 892 zunächst erforderliche **Rechtsgeschäft im Sinne eines Verkehrsgeschäftes** zwischen G und X liegt vor.

b) Ferner müsste nach § 892 das **Grundbuch unrichtig** sein.

Der Inhalt des Grundbuchs, in dem der G als Eigentümer eingetragen ist, stimmt mit der wahren Rechtslage, wonach E Eigentümer des Grundstücks ist, nicht überein, sodass das Grundbuch unrichtig ist.

c) Ferner müsste sich G gemäß § 892 zur Verfügung über das Grundstückseigentum aufgrund der Grundbuchlage **legitimiert** haben.

Indem G sich selbst als Eigentümer im Grundbuch eingetragen hat, konnte er sich bei der Verfügung gegenüber X aufgrund der Grundbuchlage als Eigentümer legitimieren.

d) Darüber hinaus müsste X auch hinsichtlich der Eigentümerstellung des G **gutgläubig** sein. Maßgeblicher Zeitpunkt für die Gutgläubigkeit ist grundsätzlich der Zeitpunkt des Vollrechtserwerbs. Damit käme es hier auf den Zeitpunkt der Eintragung des X ein. Zu diesem Zeitpunkt ist X jedoch bereits über die Unrichtigkeit des Grundbuchs informiert. Er könnte dann nicht mehr gutgläubig sein.

Merke: Zwar ist § 892 Abs. 2 Var. 1 systematisch als Ausnahme zur allgemeinen Regelung, nach der grds. der Zeitpunkt des Vollrechtserwerbs relevant ist, konzipiert. Bei der Übertragung von Grundstückseigentum ist dieses Regel-Ausnahme-Verhältnis jedoch faktisch umgekehrt, sodass es in aller Regel auf den Zeitpunkt des Eintragungsantrags ankommt.

Nach § 892 Abs. 2 **Var. 1** kommt es jedoch ausnahmsweise für die Gutgläubigkeit auf den Zeitpunkt der Stellung des Eintragungsantrags an, wenn zu dem Rechtserwerb die Eintragung erforderlich ist. Letzteres ist hier der Fall. Demnach ist maßgeblicher Zeitpunkt hier der Eintragungsantrag. Zu diesem Zeitpunkt wusste X noch nicht, dass G fälschlicherweise als Eigentümer eingetragen ist.

X war somit zum maßgeblichen Zeitpunkt gutgläubig i.S.d. § 892.

e) Ferner dürfte **kein Widerspruch nach § 899** gegen die Richtigkeit des Grundbuchs eingetragen sein.

Ein Widerspruch gegen die Richtigkeit des Grundbuchs muss wirksam für den wahren Berechtigten eingetragen und begründet sein.[52] E erwirkte als wahrer Eigentümer, noch bevor X eingetragen werden konnte, per einstweiliger Verfügung nach § 899 Abs. 2 die Eintragung eines begründeten Widerspruchs gegen die Richtigkeit des Grundbuchs.

52 RGZ 128, 52, 54 f.; Palandt/Herrler § 892 Rn. 23.

Fraglich ist jedoch, wie sich die Tatsache, dass der X in dem gemäß § 892 Abs. 2 Hs. 1 relevanten Zeitpunkt der Antragstellung auf Eintragung als Eigentümer noch gutgläubig gewesen ist, auf die Wirkung des Widerspruchs auswirkt. Insofern erscheint es denkbar, dass die Regelung des § 892 Abs. 2 Hs. 1 dazu führt, dass auch hinsichtlich des Nichtvorliegens eines Widerspruchs nunmehr auf den Zeitpunkt der Stellung des Eintragungsantrags abzustellen ist, anstatt auf den Zeitpunkt des Vollrechtserwerbs.

Die Eintragung eines Widerspruchs soll den tatsächlichen Rechtsinhaber bei unrichtigem Grundbuch vor einem Rechtsverlust schützen. Der Widerspruch ist daher ein Sicherungsmittel eigener Art, aber kein dingliches Recht.[53] Daraus ergibt sich, dass ein Widerspruch im Zeitpunkt des Vollrechtserwerbs einen gutgläubigen Erwerb auch dann verhindert, wenn hinsichtlich der Gutgläubigkeit ausnahmsweise auf einen früheren Zeitpunkt abzustellen ist, zu welchem der Widerspruch noch nicht eingetragen war. Nur die tatsächliche Eintragung des Widerspruchs vor der Eintragung eines neuen Eigentümers ist entscheidend.[54] Dafür spricht auch der Wortlaut des § 892 Abs. 2. Dieser bezieht sich explizit nur auf die Gutgläubigkeit und nicht auf den Widerspruch, modifiziert also nur im Hinblick auf ersteres den relevanten Zeitpunkt.

Somit war im maßgeblichen Zeitpunkt der Eintragung (s.o.) ein gemäß § 899 wirksamer Widerspruch für den wahren Berechtigten E eingetragen

Mithin hat X das Grundstückseigentum nicht gemäß § 892 gutgläubig vom Nichtberechtigten G erworben.

Im **Ergebnis** ist E folglich Eigentümer des Grundstücks geblieben.

2. Frage: Eintragung des X

Das Grundbuchamt wird X gleichwohl dann als neuen Eigentümer des Grundstücks in das Grundbuch eintragen, wenn die hierfür erforderlichen Voraussetzungen einer **rechtsändernden Eintragung** nach der Grundbuchordnung (GBO) vorliegen:

I. Zunächst ist dafür ein **Eintragungsantrag des Antragsberechtigten gemäß § 13 GBO** erforderlich.

Antragsberechtigt ist gemäß § 13 Abs. 1 S. 2 GBO der unmittelbar Betroffene, dessen dingliche Rechtsstellung durch die Eintragung einen Verlust erleidet oder einen Gewinn erfährt.

Merke:
Währen das **BGB** die Frage beantwortet, **ob** jemand als Eigentümer einzutragen ist, regelt die **GBO**, **wie** ein Eigentümer letztlich im Grundbuch eingetragen wird.

X hat einen Antrag auf Eintragung als neuer Eigentümer des Grundstücks gestellt. Im Falle der Eintragung erfährt seine dingliche Rechtsstellung einen Gewinn, sodass er zur Stellung des Antrags auch gemäß § 13 Abs. 1 S. 2 GBO berechtigt ist.

Mithin liegt ein wirksamer Eintragungsantrag des antragsberechtigten X vor.

---

53 Palandt/Herrler § 899 Rn. 1.
54 Palandt/Herrler § 892 Rn. 23.

II. Ferner müsste grundsätzlich die **Eintragungsbewilligung des Betroffenen G gemäß § 19 GBO** vorliegen (sog. **formelles Konsensprinzip**).[55] Jedoch muss bei der Eigentumsübertragung ausnahmsweise die dingliche Einigung i.S.d. §§ 873 Abs. 1, 925 (= Auflassung) gemäß § 20 GBO nachgewiesen werden (sog. **materielles Konsensprinzip**).[56] Daneben ist dann eine Eintragungsbewilligung nicht mehr erforderlich, sei es, dass man in der Auflassung die Eintragungsbewilligung als „miterteilt" ansieht,[57] sei es, dass man mangels gegenteiliger Erklärung die Auflassungserklärung dahingehend entsprechend auslegt.[58]

Dem Grundbuchamt liegt hier aber zumindest die Auflassungserklärung des G noch nicht vor.

Folglich sind die Anforderungen des § 20 GBO bislang noch nicht erfüllt und damit ist die Auflassung gegenüber dem Grundbuchamt nicht nachgewiesen worden.

Somit liegen die Voraussetzungen einer rechtsändernden Eintragung nach der GBO im **Ergebnis** nicht vor, sodass das Grundbuchamt den X auch nicht als neuen Eigentümer des Grundstücks in das Grundbuch eintragen wird.

---

55 Baur/Stürner Sachenrecht § 16 Rn. 20; Habersack Ex-Rep Sachenrecht Rn. 283.

56 Vgl. RGZ 141, 374, 376; Baur/Stürner Sachenrecht § 16 Rn. 20; Habersack Ex-Rep Sachenrecht Rn. 283.

57 Vgl. RGZ 141, 374, 376.

58 Baur/Stürner Sachenrecht § 16 Rn. 36.

3. Teil: Die Vormerkung

Fall 18: Die Auflassungsvormerkung (Ersterwerb)

Verleger V, Inhaber des Klatschmagazins „Das silberne Blättchen", ist Eigentümer eines Grundstücks in Münster, das mit einem Mietshaus bebaut ist. Sein Neffe N studiert Jura in Münster. Da V aufgrund seiner Tätigkeit den Wert eines Juristen in der Familie für unschätzbar hält, beschließt er, dem N das Eigentum an dem Grundstück zu übertragen, damit dieser aus den Mieteinnahmen seinen Lebensunterhalt bestreiten kann.
Zu diesem Zweck schließen V und N einen notariellen Vertrag, in dem u.a. festgelegt wird, dass V für den Fall eines Studienabbruchs des N die Rückübertragung des Grundstücks verlangen kann. Ende 2016 wird N als Grundstückseigentümer in das Grundbuch eingetragen. Daneben wird auf Bewilligung des N eine Rückauflassungsvormerkung zugunsten des V eingetragen.
Im März 2020 exmatrikuliert sich N, um sein Leben in Zukunft ganz seinem Lieblingsfußballverein widmen zu können. Um das Geld für seine Fußballreisen aufbringen zu können, veräußert er das Grundstück am 02.04.2020 formgerecht an D. Dieser wird als Eigentümer in das Grundbuch eingetragen. V ist empört. Er fordert D auf, das Grundstück herauszugeben, was dieser jedoch kategorisch ablehnt.

V möchte nunmehr wissen, ob er gegen D oder N vorgehen kann, um das Grundstück zurückzubekommen.

A. Ansprüche des V gegen N

V könnte gegenüber N einen Anspruch auf die Rückauflassung des Grundstücks aus der Vereinbarung im Übertragungsvertrag nach § 311 Abs. 1 haben.

Die **Rückauflassung** ist eine normale Auflassung i.S.d. §§ 873 Abs. 1, 925. Da es sich hierbei aber um die **Rück**übertragung des Eigentums handelt, spricht man von **Rück**auflassung.

I. Anspruch entstanden

1. Dazu müssten sich V und N zunächst i.S.d. § 311 Abs. 1 darüber **geeinigt** haben, dass V von N (unter bestimmten Umständen) die Rückauflassung des Grundstücks verlangen kann.
Im notariellen Vertrag haben V und N u.a. vereinbart, dass V einen Anspruch auf Rückübertragung des Grundstücks haben soll, sobald N das Studium abbricht. Dabei handelt es sich um einen atypischen Vertrag, der nicht unter einen der Vertragstypen des BGB fällt. Auch solche Vereinbarungen können nach § 311 Abs. 1 wirksam getroffen werden.

Somit haben sich V und N gemäß § 311 Abs. 1 darüber geeinigt, dass V von N im Falle des Eintritts einer aufschiebenden Bedingung (§ 158 Abs. 1) die Rückauflassung des Grundstücks verlangen kann.

2. Darüber hinaus müsste diese Einigung auch wirksam sein.

a) Die Einigung, auf die zum Schutze der beteiligten Verkehrskreise die **Formvorschrift des § 311 b Abs. 1 (analog)**[59] angewandt wird, ist nota-

59 Vgl. BGH NJW-RR 2008, 824; Palandt/Grüneberg § 311 b Rn. 11.

riell beurkundet worden und somit formgerecht zustande gekommen. Eine Formnichtigkeit gemäß § 125 S. 1 i.V.m. § 311 b Abs. 1 (analog) liegt daher nicht vor.

b) Ferner ist der für die Wirksamkeit der Einigung erforderliche **Bedingungseintritt** gemäß § 158 Abs. 1 gegeben. Aufgrund der Exmatrikulation des N im März 2020 ist die aufschiebende Bedingung für die Entstehung des Rückauflassungsanspruchs eingetreten.

Somit ist die Einigung auch wirksam und folglich der Anspruch auf die Rückauflassung des Grundstücks aus der Vereinbarung im Übertragungsvertrag nach § 311 Abs. 1 entstanden.

II. Anspruch nicht untergegangen

Ferner dürfte der Anspruch nicht untergegangen sein.

Infolge der Veräußerung des Grundstücks durch N an D könnte der Anspruch nach § 275 Abs. 1 Var. 1 untergegangen sein.

1. Dazu müsste die Erfüllung des Anspruchs für N subjektiv unmöglich sein. Subjektive Unmöglichkeit liegt unter anderem dann vor, wenn der Schuldner für die Erfüllung des Anspruchs der Mitwirkung eines Dritten bedürfte, diese aber verweigert wird.[60]

Infolge der Veräußerung des Grundstücks hat N die Verfügungsbefugnis verloren. D verweigert die Herausgabe des Grundstücks, sodass N sich das Grundstück grundsätzlich auch nicht wiederbeschaffen kann, um das Eigentum dann zurück auf V zurück zu übertragen.

Damit ist die Rückübertragung des Grundstücks für N an sich subjektiv unmöglich.

Die Vormerkung löst keine Grundbuchsperre aus.
Der Schuldner kann wirksam als Berechtigter vormerkungswidrige Verfügungen vornehmen.
Nur dem gesicherten Vormerkungsgläubiger gegenüber hat eine solche Verfügung keine Wirksamkeit = **relative Unwirksamkeit**.

2. Die Veräußerung des Grundstücks an den D könnte aber nach § 883 Abs. 2 S. 1 dem V gegenüber **(relativ) unwirksam** sein.

a) Das setzt voraus, dass zugunsten des V gemäß §§ 883 Abs. 1, 885 eine wirksame Vormerkung **bestellt** wurde (Ersterwerb).

aa) V müsste hierfür zunächst einen **sicherungsfähigen Anspruch** haben. Eine Vormerkung kann nach § 883 Abs. 1 nur für schuldrechtliche Ansprüche auf dingliche Rechtsänderung an einem Grundstück bestellt werden.

Der (schuldrechtliche) Anspruch des V auf die Rückübertragung des Grundstücks aus dem Übertragungsvertrag mit N ist ein solcher Anspruch.

Problematisch erscheint insoweit, dass der Anspruch nach § 158 Abs. 1 aufschiebend bedingt war.

Zwar erweitert § 883 Abs. 1 S. 2 den Kreis der sicherungsfähigen Ansprüche auf künftige und bedingte Ansprüche. Es ist jedoch anerkannt, dass nur solche künftigen und bedingten Ansprüche vormerkungsfähig sind, für die der Rechtsboden bereits bereitet ist.[61] Dies ist immer dann der Fall, wenn der Schuldner eine rechtliche Bindung nicht mehr einseitig verhindern

60 Palandt/Grüneberg § 275 Rn. 25; Schulze/Ebers JuS 2004, 265, 265 f.
61 Vgl. Palandt/Herrler § 883 Rn. 14, 17.

kann.[62] Ansonsten bestünde die Gefahr der Überfrachtung des Grundbuchs mit Ansprüchen, die unter Umständen nie zur Entstehung gelangen. Das käme dann einer faktischen Aufhebung der Verkehrsfähigkeit der Grundstücke gleich, sodass nicht bestehende Ansprüche, die weder künftig noch bedingt sind, nicht vormerkbar und somit gegenstandslos sind, wobei die Existenz des zu sichernden Anspruchs vom Grundbuchamt nur hinsichtlich der einzuhaltenden Form geprüft wird.[63]

Vorliegend war die Entstehung des Anspruchs auf Rückübertragung von dem Ausbleiben eines bestimmten Verhaltens des N abhängig. Dem N blieb zur Verhinderung des Bedingungseintritts nur, sein Verhalten so auszurichten, dass die Bedingung nicht eintritt (sog. **Potestativbedingung**).[64] Für N bestand also bereits mit Vertragsschluss eine rechtliche Bindung, welcher er sich nicht mehr einseitig entziehen konnte.

Folglich stellt der Anspruch des V gegen N aus dem Übergabevertrag einen sicherungsfähigen Anspruch i.S.d. § 883 Abs. 1 dar.

bb) Des Weiteren ist die Vormerkung von N als demjenigen, dessen Grundstück von der Vormerkung betroffen wird, **gemäß § 885 Abs. 1 S. 1 bewilligt** worden.

cc) Zudem ist die Vormerkung, wie nach § 885 Abs. 1 S. 1 erforderlich, in das Grundbuch **eingetragen** worden.

dd) Darüber hinaus müsste N auch zur Bewilligung der Vormerkung **berechtigt** gewesen sein.

Berechtigt zur Bewilligung der Vormerkung ist nach § 885 Abs. 1 der von der Vormerkung Betroffene. Betroffener in diesem Sinne ist der wahre Inhaber des Rechts, das durch die Vormerkung beeinträchtigt wird.[65]
Als Eigentümer des Grundstücks war N demnach von der Vormerkung zugunsten des V betroffen; er war mithin zur Bewilligung berechtigt.

Zugunsten des V wurde damit wirksam gemäß §§ 883, 885 eine Rückauflassungsvormerkung bestellt.

b) Die Übertragung des Eigentums durch N auf D müsste den Anspruch des V auf Rückübertragung vereiteln oder beeinträchtigen **(vormerkungswidrige Verfügung)**.

In der Belastung des Grundstücks mit einem Fremdrecht liegt grundsätzlich stets eine Beeinträchtigung des vorgemerkten Rechts.[66]
Die Eigentumsübertragung auf D, durch welche das Recht nicht nur belastet, sondern sogar übertragen wurde, stellt demnach eine Beeinträchtigung des vorgemerkten Anspruchs des V dar.

Folglich ist die Eigentumsübertragung des N auf D gemäß § 883 Abs. 2 S. 1 gegenüber V unwirksam, sodass die Rückauflassung des Grundstücks an V dem N daher nicht nach § 275 Abs. 1 subjektiv unmöglich ist.

---

62 Baur/Stürner Sachenrecht § 20 Rn. 22.
63 RGZ 65, 260, 261; BGH NJW 2000, 805, 806; MünchKomm/Kohler § 883 Rn. 22.
64 Vgl. Palandt/Ellenberger vor § 158 Rn. 10.
65 Staudinger/Kesseler § 885 Rn. 24.
66 Palandt/Herrler § 883 Rn. 20.

Mithin ist der Anspruch des V auch nicht untergegangen.

III. Anspruch durchsetzbar

Mangels entgegenstehender Einreden des N ist der Anspruch des V auch durchsetzbar.

Somit hat V gegen N einen Anspruch auf Rückauflassung des Grundstücks aus dem Übertragungsvertrag aus § 311 Abs. 1.

B. Ansprüche des V gegen D

Darüber hinaus könnten V auch noch Ansprüche gegenüber D zustehen.

I. Anspruch aus §§ 985, (986)

Ein Anspruch des V gegenüber D auf Herausgabe des Grundstücks nach §§ 985, (986) scheitert an der hierfür erforderlichen Vindikationslage.
Zwar war V ursprünglich Eigentümer des Grundstücks, aber er hat es durch Übertragung auf N nach §§ 873, 925 verloren. Die Vormerkung hat nicht die Wirkung, dass das Eigentum an dem Grundstück automatisch an V zurückfällt.

II. Anspruch aus § 894

Ein Anspruch des V gegenüber D auf Zustimmung zur Berichtigung des Grundbuchs gemäß § 894 scheitert an der fehlenden Unrichtigkeit des Grundbuchs.
Das Grundbuch weist den D als Eigentümer des Grundstücks aus, der materiell-rechtlich das Eigentum von N wirksam erlangt hat. Die Vormerkung zugunsten des V hat die Verfügungsbefugnis weder beseitigt noch ist durch die Sicherungswirkung der Vormerkung nach § 883 Abs. 2 der Eigentumserwerb des D gehindert. § 883 Abs. 2 statuiert lediglich eine relative Unwirksamkeit vormerkungswidriger Verfügungen, sodass die Verfügungen nur dem Vormerkungsberechtigten gegenüber unwirksam, gegenüber allen anderen Teilnehmern am Rechtsverkehr aber uneingeschränkt wirksam sind.[67]

Beachte:
Aus § 888 Abs. 1 ergibt sich ein grundbuchrechtlicher Hilfsanspruch.

III. Anspruch aus § 888 Abs. 1

V könnte jedoch gegen D einen Anspruch auf die Zustimmung zur Eintragung der dinglichen Rechtsänderung nach § 888 Abs. 1 haben.

Zugunsten des V besteht eine wirksame Rückauflassungsvormerkung. Die Eigentumsübertragung auf D stellt außerdem auch eine vormerkungswidrige Verfügung dar.

Daher kann V von D die Zustimmung zur dinglichen Rechtsänderung nach § 888 Abs. 1 verlangen.

Anmerkung:

Die Vormerkung kann somit im Prüfungsaufbau insbesondere an zwei Stellen Bedeutung gewinnen:

---

67 BGH NJW 2009, 356; Palandt/Herrler § 883 Rn. 21; Wellenhoferf Sachenrecht § 18 Rn. 21.

Zum einen ist sie bei der Frage zu beachten, ob der durch die Vormerkung Geschützte noch seinen ***schuldrechtlichen*** *Anspruch auf dingliche Rechtsänderung geltend machen kann (s.o. zu § 275 Abs. 1). Die Frage der relativen Unwirksamkeit der Verfügung (§ 883 Abs. 2 S. 1) ist somit innerhalb des Untergangsgrundes Unmöglichkeit zu erörtern.*

Zum anderen ist der eigenständige Anspruch aus § 888 Abs. 1 zu beachten. An welcher Stelle die Voraussetzungen für den Vormerkungserwerb zu erörtern sind, hängt von der Fallfrage und insbesondere vom Anspruchsgegner ab.

Fall 19: Die Auflassungsvormerkung (Zweiterwerb)

Ausgangsfall:

Pensionär P ist Eigentümer eines Hausgrundstücks mit großem Garten in einer kleinen Stadt am Niederrhein. Da er seinen Ruhestand in einem Haus in der Toskana genießen möchte, schließt er im Juli 2012 einen notariellen Kaufvertrag mit dem Bundesligahandballer F. Sodann bewilligt P dem F eine Auflassungsvormerkung, die Ende Juli 2018 im Grundbuch eingetragen wird.

Als F vor der Saison kurzfristig zu einem norddeutschen Verein wechselt, tritt er die Ansprüche aus dem Kaufvertrag mit P formlos an seinen Mannschaftskameraden M ab, der sich wegen des großen Gartens ebenfalls für das Haus interessiert.

Da das von P ins Auge gefasste Haus in der Toskana teurer ist als gedacht, möchte er das Hausgrundstück am Niederrhein erneut verkaufen, diesmal aber zu einem wesentlich höheren Preis. Da auch H, ein Bekannter des P, schon lange ein Auge auf das Grundstück geworfen hat, einigen sich P und H nach nur kurzen Verhandlungen im Februar 2019 notariell über den Kauf. Kurz darauf erklärt P formgerecht die Auflassung zugunsten des H, der umgehend in das Grundbuch als neuer Eigentümer eingetragen wird, in das Haus einzieht und dort auch freiwillig nicht mehr ausziehen will.

Kann M von P oder H die Übereignung bzw. Herausgabe des Grundstücks und die Zustimmung zur Berichtigung des Grundbuchs verlangen?

Abwandlung:

Würde sich etwas ändern, wenn F den Kaufvertrag mit P zwischenzeitlich wirksam angefochten hätte?

Ausgangsfall

A. Anspruch M gegen P auf Übergabe und Übereignung des Grundstücks aus §§ 433 Abs. 1 S. 1, 398

M könnte mangels Bestehens eines Kaufvertrages zwischen ihm und P nur einen Anspruch auf Übergabe und Übereignung des Grundstücks aus abgetretenem Recht nach §§ 433 Abs. 1 S. 1, 398 haben.

I. Anspruch entstanden

Dazu müsste ein Anspruch auf Übergabe und Eigentumsverschaffung von F zunächst wirksam an M nach § 398 abgetreten worden sein.

1. F und M müssten sich hierzu i.S.d. **§ 398 wirksam (über die Abtretung) geeinigt** haben.

F und M haben sich darüber, dass die Ansprüche aus dem Kaufvertrag auf M übergehen sollen, und somit über deren Abtretung, geeinigt.

Diese Einigung könnte jedoch nach § 125 S. 1 i.V.m. § 311 b Abs. 1 S. 1 unwirksam sein. Dazu müsste es sich bei der Einigung um einen Vertrag handeln, durch den sich der eine Teil verpflichtet, Eigentum an einem Grundstück zu übertragen oder zu erwerben. Die Abtretung selbst ist jedoch kein Verpflichtungs-, sondern ein Verfügungsgeschäft. Demnach beinhaltet die Abtretung auch nicht eine solche Erwerbs- oder Veräußerungsverpflichtung. Durch die Abtretung verpflichtet sich der Erwerber M nicht, das Eigentum am Grundstück zu erwerben. Er erhält lediglich den Anspruch aus § 433 Abs. 1 S. 1. Auch liegt keine Verpflichtung des F vor, da dieser noch kein Eigentum erworben hat.

Aus diesen Gründen (keine Verpflichtung bzw. kein unmittelbarer Einfluss auf die Rechtslage am Grundstück) scheidet auch eine analoge Anwendung des § 311 b Abs. 1 S. 1 oder des § 925 auf die Abtretungsvereinbarung aus. Die Abtretung eines Anspruchs auf Eigentumsübertragung an einem Grundstück ist somit formfrei möglich.[68]

Demnach haben sich F und M wirksam i.S.d. § 398 geeinigt.

2. Ferner müsste F zur Übertragung des Anspruchs berechtigt gewesen sein.

Zur Abtretung eines Anspruchs ist jedenfalls der verfügungsbefugte Forderungsinhaber berechtigt[69] *(vgl. dazu Fall 27).*

Aufgrund des formwirksamen Kaufvertrags mit P hatte F einen Anspruch auf Übergabe und Eigentumsverschaffung gegen P aus § 433 Abs. 1 S. 1 und war damit als verfügungsbefugter Forderungsinhaber zur Abtretung des Anspruchs berechtigt.

Somit hat F den Anspruch auf Übergabe und Eigentumsverschaffung nach § 433 Abs. 1 wirksam an M abgetreten, sodass der Anspruch des M gegen P gemäß §§ 433 Abs. 1 S. 1, 398 entstanden ist.

II. Anspruch nicht untergegangen

Der Anspruch könnte jedoch nach **§ 275 Abs. 1 Var. 1** wegen subjektiver Unmöglichkeit untergegangen sein.

1. Mit Blick auf die formgerechte Übereignung des Hausgrundstücks an H ist es P nunmehr nur mit Mitwirkung des H möglich, das Eigentum erneut auf den M zu übertragen. Da H jedoch kundgetan hat, das Haus nicht mehr freiwillig hergeben zu wollen, ist davon auszugehen, dass er an einer Eigentumsübertragung auf M nicht mitwirken wird. Damit ist P die Erfüllung der Ansprüche aus dem Kaufvertrag mit F gegenüber M eigentlich nach § 275 Abs. 1 unmöglich geworden.

2. Fraglich ist jedoch, ob die Übereignung des Grundstücks an H dem M gegenüber nach **§ 883 Abs. 2 S. 1** (relativ) unwirksam ist.

Das setzt gemäß § 883 Abs. 2 S. 1 zunächst den Bestand einer Auflassungsvormerkung zugunsten des M voraus.

---

68 BGH NJW 1984, 973, 974; vgl. auch Palandt/Grüneberg § 398 Rn. 6.

69 Staudinger/Busche Einl. §§ 398 ff. Rn. 17; Coester-Waltjen Jura 2003, 23 ff.; Schreiber Jura 2007, 266 ff.

a) Eine Vormerkung ist weder durch P noch durch H zugunsten des M bestellt worden.

b) M könnte die Vormerkung nach **§ 398 i.V.m. § 401 analog kraft Gesetzes** von F erworben haben **(*Zweiterwerb*)**. Wegen des Charakters der Vormerkung als streng akzessorisches Sicherungsmittel ist eine gesonderte Übertragung der Vormerkung ohne die gesicherte Forderung nicht denkbar. Die Vormerkung geht vielmehr (ähnlich einer Hypothek) aufgrund einer wirksamen Abtretung der gesicherten Forderung nach § 401 analog auf den Zessionar über.[70]

aa) Eine wirksame Abtretung der Ansprüche aus dem Kaufvertrag zwischen P und F an den M ist erfolgt.

bb) F müsste auch hinsichtlich einer Vormerkung zur Übertragung berechtigt gewesen sein. Das setzt wiederum voraus, dass er Berechtigter einer Vormerkung i.S.d. **§§ 883, 885** war **(*Ersterwerb*)**.

(1) Ein sicherungsfähiger Anspruch nach § 883 Abs. 1 lag in dem Auflassungsanspruch des F gegen P aus dem Kaufvertrag gemäß § 433 Abs. 1 S. 1 vor.

(2) P hat die Eintragung einer Auflassungsvormerkung zugunsten des F gemäß § 885 Abs. 1 S. 1 bewilligt.

(3) Auch eine Eintragung der Vormerkung nach § 885 ist erfolgt.

(4) Als Grundstückseigentümer war P zum Zeitpunkt der Eintragung der Vormerkung außerdem zur Bewilligung der Vormerkung berechtigt.

Mithin ist F im Rahmen des Ersterwerbs Inhaber einer Vormerkung geworden und war daher auch zur Übertragung der Vormerkung berechtigt, sodass M durch Abtretung des Anspruchs aus dem Kaufvertrag zwischen P und F demnach analog § 401 Berechtigter einer Auflassungsvormerkung an dem Hausgrundstück geworden ist.

Die Übereignung des Grundstücks von P an H beeinträchtigt somit im **Ergebnis** den durch die Vormerkung gesicherten Auflassungsanspruch des M und stellt dementsprechend eine vormerkungswidrige Verfügung dar.

Nach § 883 Abs. 2 S. 1 ist diese Übereignung daher gegenüber M (relativ) unwirksam.

Der Anspruch ist folglich nicht nach § 275 Abs. 1 Var. 1 wegen subjektiver Unmöglichkeit untergegangen.

III. Anspruch durchsetzbar

Ferner liegen zugunsten des P keine rechtshemmenden Einwendungen (= Einreden) oder sonstigen Leistungsverweigerungsrechte vor, sodass der Anspruch auch durchsetzbar ist.

Mithin kann M von P die Übergabe und Übereignung des Grundstücks nach §§ 433 Abs. 1 S. 1, 398 aus abgetretenem Recht verlangen.

---

70 Soergel/Stürner § 883 Rn. 44; Habersack Ex-Rep Sachenrecht Rn. 331.

B. Ansprüche M gegen H auf die Zustimmung zur Eintragung der dinglichen Rechtsänderung aus § 888 Abs. 1

M könnte zudem gegen H einen Anspruch auf die Zustimmung zur Eintragung der dinglichen Rechtsänderung aus § 888 Abs. 1 haben.

Es besteht eine Auflassungsvormerkung zugunsten des M und mit der Eigentumsübertragung auf H liegt auch eine vormerkungswidrige Verfügung des P vor (s.o.).

Daher hat M gegen H einen Anspruch auf Zustimmung zur Eintragung der dinglichen Rechtsänderung aus § 888 Abs. 1.

Abwandlung

Alle in Betracht zu ziehenden Ansprüche des M gegen P und auch gegen H setzen, wie im Ausgangsfall, eine Forderung des M voraus.

Infolge der Anfechtung besteht nach § 142 Abs. 1 im Ergebnis kein Anspruch auf Übergabe und Übereignung aus dem Kaufvertrag nach § 433 Abs. 1 S. 1, der nach § 398 von F auf M hätte übertragen werden können.

Aufgrund des streng akzessorischen Charakters der Vormerkung ist diese ohne eine existente zu sichernde Forderung auch gar nicht zur Entstehung gelangt. Hinzu kommt, dass auch ein gutgläubiger Erwerb einer Vormerkung ohne zu sichernde Forderung daher nach allgemeiner Ansicht[71] nicht möglich ist.

Der gutgläubige Zweiterwerb der Vormerkung wird im Einzelnen in *Fall 20* behandelt.

M hat demnach keine Ansprüche gegen P oder H.

71 Vgl. BGHZ 25, 16, 23; Palandt/Herrler § 885 Rn. 19; Staudinger/Picker § 892 Rn. 58.

Fall 20: Die Auflassungsvormerkung (Gutgläubiger Zweiterwerb)

Malerin M kauft Anfang 2019 von ihrem Kollegen K mit notariellem Kaufvertrag ein Grundstück in einer Künstlerkolonie bei Duisburg. Durch einen Fehler im Büro des Notars wird zugunsten der M beim Grundbuchamt eine Auflassungsvormerkung beantragt und schließlich auch eingetragen. Kurz nach Abschluss des Kaufvertrages stellt M fest, dass ihre Arbeit durch die negativen Schwingungen, die von der Umgebung ausgehen, erheblich gestört wird. Sie tritt deshalb die Ansprüche aus dem Kaufvertrag mit K an ihre Freundin F ab. Da K länger nichts mehr von M gehört hat und mehr denn je auf Barmittel angewiesen ist, veräußert er das Grundstück im Januar 2020 wirksam an den befreundeten Schlagerstar S. Dieser wird im Grundbuch als Eigentümer eingetragen und ist mit seiner Errungenschaft so glücklich, dass er das Grundstück nicht wieder abgeben will.

Im April 2020 wendet sich F an ihren Rechtsanwalt und fragt, ob sie von K oder S die Verschaffung des Eigentums an dem Grundstück verlangen kann.

A. Anspruch F gegen K aus §§ 433 Abs. 1 S. 1, 398

F könnte gegenüber K einen Anspruch auf Übergabe und Übereignung des Grundstücks aus abgetretenem Recht aus § 433 Abs. 1 S. 1 i.V.m. § 398 haben.

I. Infolge der Abtretung der Ansprüche aus dem Kaufvertrag von M an F ist ein **Anspruch** der F auf Übergabe und Übereignung des Grundstücks gegen K aus § 433 Abs. 1 S. 1 i.V.m. § 398 **entstanden**.

II. Der Anspruch könnte jedoch infolge **subjektiver Unmöglichkeit nach § 275 Abs. 1** untergegangen sein.

1. Aufgrund der Eigentumsübertragung auf S und unter Berücksichtigung der Tatsache, dass dieser auch nicht zur Rückübertragung bereit ist, ist dem K die Übergabe und Übereignung des Grundstücks grundsätzlich unmöglich i.S.d. § 275 Abs. 1.

2. Die Übereignung an S könnte jedoch nach § 883 Abs. 2 S. 1 ausnahmsweise gegenüber F (relativ) unwirksam sein. Dafür müsste F allerdings Berechtigte einer Auflassungsvormerkung sein.

Da die F selbst hier keine Vormerkung bestellt hat, kommt lediglich ein Erwerb der Vormerkung von M nach § 398 i.V.m. § 401 analog (*Zweiterwerb*) in Betracht.

a) Eine wirksame Abtretung der Ansprüche aus dem Kaufvertrag von M an F gemäß § 398 liegt vor (*s.o.*).

b) Jedoch müsste M auch hinsichtlich einer etwaigen Vormerkung zur Übertragung berechtigt sein. Insofern fehlt es aber schon an der Bewilligung der Eintragung einer Vormerkung zugunsten der M seitens K nach § 885, sodass überhaupt keine Vormerkung bestellt worden ist.

Somit war M in Ansehung der Vormerkung auch nicht zur Übertragung berechtigt.

c) Die fehlende Berechtigung der M zur Übertragung der Vormerkung könnte jedoch möglicherweise nach § 892 analog überwunden werden.

Ob ein gutgläubiger Zweiterwerb einer Vormerkung nach § 892 analog möglich ist, ist jedoch rechtlich umstritten.

aa) Die Rspr.[72] und Teile der Lit.[73] halten einen gutgläubigen Zweiterwerb von Vormerkungen für möglich.

Hiernach könnte F nach § 892 analog trotz der fehlenden Berechtigung der M in Ansehung der Vormerkung gutgläubig die Vormerkung erlangt haben.

(1) Ein Rechtsgeschäft im Sinne eines Verkehrsgeschäftes liegt vor. Zwar erfolgt der Übergang der Vormerkung nach § 401 analog und damit letztlich kraft Gesetzes. Ausreichend ist insoweit jedoch, dass der Übergang der Vormerkung auf der Abtretung, also einem Rechtsgeschäft, beruht.[74]

(2) Im Grundbuch war eine inexistente Auflassungsvormerkung eingetragen. Demnach war das Grundbuch in Ansehung der Vormerkung unrichtig.

(3) Die Vormerkung war zugunsten der M eingetragen. Aus dem Grundbuch ergab sich damit auch die Legitimation der M zur Übertragung der Vormerkung.

(4) Dass F im Hinblick auf die Unrichtigkeit des Grundbuchs gutgläubig war, wird nach § 892 Abs. 1 S. 1 analog vermutet; abweichende Anhaltspunkte sind nicht ersichtlich.

(5) Ein Widerspruch gegen die Unrichtigkeit des Grundbuchs i.S.d. § 899 war schließlich nicht eingetragen.

Hält man mit dieser Ansicht einen gutgläubigen Zweiterwerb einer Vormerkung für möglich, hat M mithin eine Auflassungsvormerkung nach § 398 i.V.m § 401 analog, § 892 Abs. 1 analog gutgläubig erworben.

bb) Die herrschende Ansicht in der Lit.[75] wendet sich jedoch gegen einen gutgläubigen Zweiterwerb von Vormerkungen.

Dieser Ansicht nach wäre F mangels Berechtigung der M in Ansehung der Vormerkung nicht Berechtigte einer Vormerkung geworden.

cc) Für einen gutgläubigen Zweiterwerb der Vormerkung spricht zwar zunächst, dass die Vormerkung, auch wenn sie kein dingliches Recht ist, immerhin eintragungsfähig und vom Schutzumfang her einem dinglichen Recht angenähert ist. Zudem ist der gutgläubige Zweiterwerber ebenso schutzwürdig wie der gutgläubige Ersterwerber und für diesen ist der Gutglaubenserwerb allgemein anerkannt.

---

72 BGHZ 25, 16, 23.

73 MünchKomm/Kohler § 885 Rn. 44; Fehrenbacher/Kharag JuS 2009, 930, 933.

74 MünchKomm/Kohler § 853 Rn. 44.

75 Staudinger/Picker § 892 Rn. 59 f.; Baur/Stürner Sachenrecht § 20 Rn. 52; Medicus Bürgerliches Recht Rn. 557; Wellenhofer Sachenrecht § 19 Rn. 36; Ehricke/Diehn JuS 2002, 669.

Letztendlich sprechen jedoch die gewichtigeren Argumente **gegen einen gutgläubigen Zweiterwerb der Vormerkung**. Schließlich dient die Vormerkung nur der Sicherung schuldrechtlicher Ansprüche, sie ist gerade kein dingliches Recht. Zudem richten sich der Erwerb und die Übertragung einer Vormerkung nicht nach den Sachenrechtsvorschriften, daher erscheint § 892 unpassend. Ferner besteht auch kein Bedürfnis nach erhöhter Verkehrsfähigkeit, da sich der Erwerb kraft Gesetzes, nicht kraft Rechtsgeschäftes vollzieht. Eine Parallele zu der Hypothek ist hier nicht angebracht, da bei der Abtretung des vorgemerkten Anspruchs kein Publizitätserfordernis zu wahren ist.

Im Hinblick darauf, dass kein Bedürfnis nach einer erhöhten Verkehrsfähigkeit von Vormerkungen besteht, das imstande wäre, die Möglichkeit eines Erwerbs vom Nichtberechtigten zu rechtfertigen, ist also der zweiten Ansicht zu folgen. Ein gutgläubiger Zweiterwerb ist somit auch bei tatsächlichem Bestehen der gesicherten Forderung nicht möglich.

Daher ist die Eigentumsübertragung von K auf S mangels einer Vormerkung zugunsten der F nicht nach § 883 Abs. 2 S. 1 relativ unwirksam. Folglich ist der Anspruch der F gegen K nach § 275 Abs. 1 untergegangen.

F hat daher gegenüber K im **Ergebnis** keinen Anspruch auf Übergabe und Übereignung des Grundstücks aus abgetretenem Recht aus § 433 Abs. 1 S. 1 i.V.m. § 398.

B. Anspruch F gegen S aus § 888 Abs. 1

Mangels Bestehens einer Vormerkung zugunsten der F hat diese gegenüber S auch keinen Anspruch auf die Zustimmung zur Eintragung der dinglichen Rechtsänderung aus § 888 Abs. 1.

4. Teil: Das Anwartschaftsrecht des Auflassungsempfängers

Fall 21: Das Anwartschaftsrecht des Auflassungsempfängers

Der Schriftsteller S ist Eigentümer eines Hausgrundstücks auf dem Lande, das er mit notariellem Kaufvertrag an seinen Verleger V verkauft. S, der mit dem Haus besondere Erinnerungen verbindet, legt Wert darauf, dass V das Haus nicht weiterveräußert und bringt dies in den Gesprächen mit V auch zum Ausdruck.

Nachdem die Auflassung notariell beurkundet wurde, stellt V beim Grundbuchamt einen Antrag auf die Eintragung als Eigentümer. Bevor die Eintragung erfolgt, verkauft V das Grundstück an den D und lässt es an diesen auf. D wird ohne Zwischeneintragung des V als Eigentümer ins Grundbuch eingetragen.

D verlangt von S die Herausgabe des Grundstücks. S verweigert dies und verweist darauf, dass er dem V gegenüber klar zum Ausdruck gebracht habe, dass er eine Weiterveräußerung nicht wollte.

Kann D von S das Grundstück herausverlangen?

D könnte gegenüber S einen Anspruch auf Herausgabe des Grundstücks aus §§ 985, (986) haben.

I. Dazu müsste D gemäß § 985 zunächst **Eigentümer** des von ihm herausverlangten Grundstücks sein.

1. Ursprünglich war D nicht Eigentümer. Er könnte das Eigentum an dem Grundstück allerdings von V gemäß §§ 873 Abs. 1, 925 **(rechtsgeschäftlich)** erlangt haben.

a) Dazu müsste sich V zunächst wirksam mit D i.S.d. §§ 873 Abs. 1, 925 über die Grundstücksübertragung **geeinigt** haben. Indem V das Grundstück formgerecht an D aufgelassen hat, ist dies hier der Fall.

b) Zudem ist D gemäß § 873 Abs. 1 als neuer Eigentümer des Grundstücks im Grundbuch **eingetragen** worden.

c) Darüber hinaus waren sich V und D im Zeitpunkt des Vollrechtserwerbs, also gemäß § 873 Abs. 1 grundsätzlich im Zeitpunkt der Eintragung, auch noch **einig** darüber, dass das Eigentum am Grundstück auf D übergehen soll.

d) Ferner müsste V zur Eigentumsübertragung am Grundstück auch **berechtigt** gewesen sein.

Berechtigt ist der verfügungsbefugte Eigentümer oder der verfügungsbefugte Nichteigentümer, der vom wahren Rechtsinhaber zur Verfügung gemäß § 185 Abs. 1 ermächtigt oder aber gesetzlich verfügungsbefugt ist.

aa) V war verfügungsbefugter Eigentümer, wenn er wiederum von S das Eigentum am Grundstück nach §§ 873 Abs. 1, 925 erworben hat.

Die dazu nach §§ 873 Abs. 1, 925 erforderliche Auflassung liegt vor. V wurde jedoch nicht, wie von § 873 Abs. 1 vorausgesetzt, eingetragen. Mithin hat V von S kein Eigentum erworben, sodass er kein verfügungsbefugter Eigentümer war.

bb) V könnte aber als Nichteigentümer zur Veräußerung nach § 185 Abs. 1 berechtigt gewesen sein.

In Betracht kommt, dass V von dem ursprünglichen Eigentümer S zur Weiterveräußerung ermächtigt worden ist. Der ursprüngliche Eigentümer erklärt bei der Auflassung regelmäßig zumindest konkludent die Zustimmung zur Weiterveräußerung.[76] Dies ist hier jedoch gerade nicht der Fall. Schließlich hat S bei der Auflassung an V ausdrücklich darauf hingewiesen, dass er keine Weiterveräußerung des Grundstücks wünscht.

Folglich liegt auch keine Ermächtigung des V zur Veräußerung des Grundstücks i.S.d. § 185 Abs. 1 vor. Mangels Berechtigung des V hat D das Eigentum an dem Grundstück also nicht rechtsgeschäftlich gemäß §§ 872 Abs. 1, 925 durch Übereignung von V erlangt.

2. Möglicherweise hat V dem D jedoch ein **Anwartschaftsrecht** an dem Grundstück übertragen, **das zum Vollrecht erstarkt ist.**

Ein Anwartschaftsrecht entsteht, wenn von einem mehraktigen Entstehungstatbestand eines Rechts bereits so viele Voraussetzungen erfüllt sind, dass eine gesicherte Rechtsposition des Erwerbers vorliegt, die der Veräußerer nicht mehr einseitig zerstören kann.

a) Umstritten ist, ob es überhaupt ein **Anwartschaftsrecht an Grundstücken** geben kann.

aa) Nach überwiegender Auffassung ist ein Anwartschaftsrecht als wesensgleiches Minus zum Eigentum auch für Grundstücke denkbar, wenn von einem mehraktigen Erwerbstatbestand so viele Akte vollzogen wurden, dass der Erwerber bereits eine gesicherte Position erlangt hat, die der Veräußerer nicht mehr einseitig beseitigen kann.[77]

Als **Möglichkeiten für die Entstehung eines Anwartschaftsrechts** an einem Grundstück sind dabei anerkannt:[78]

(1) Eine gesicherte Rechtsposition soll zunächst dann vorliegen, wenn die **Auflassung des Grundstücks bindend war (§ 873 Abs. 2) und der Erwerber einen Antrag auf Eintragung ins Grundbuch gestellt hat.**[79]

Die gesicherte Erwerbsposition liegt dieser Ansicht nach darin begründet, dass die Auflassung für den Veräußerer bindend und der Eintragungsantrag durch den Erwerber gestellt worden ist. Nach § 13 i.V.m. § 31 GBO könne nämlich ein Antrag nur von dem Antragssteller zurückgenommen werden. Außerdem schütze § 17 GBO insofern den Erwerber vor Zwischenverfügungen des Veräußerers.

76 BGH NJW 1997, 936, 937.
77 BGHZ 89, 41, 44; BeckOK/Grün § 925 Rn. 41.
78 Vgl. Palandt/Herrler § 925 Rn. 24 f.
79 BGHZ 45, 186, 190 f.; 83, 395, 399; 106, 108, 111; Erman/M. Artz § 925 Rn. 56; Baur/Stürner Sachenrecht § 19 Rn. 15 f.

(2) Ferner sei die Rechtsposition des Erwerbers dann ausreichend gesichert, wenn die **Auflassung bindend war (§ 873 Abs. 2) und zugunsten des Erwerbers eine Auflassungsvormerkung eingetragen** wurde.[81]

Die gesicherte Position ergebe sich hier daraus, dass die Auflassung den Veräußerer nach § 873 Abs. 2 binde und der Erwerber nach § 883 Abs. 2 gegen spätere vormerkungswidrige Verfügungen des Veräußerers – insbesondere gegen Veräußerungen des Grundstücks – geschützt sei.

Beachte:
Die bloße Eintragung einer Auflassungsvormerkung reicht nicht aus, da dadurch noch kein notwendiger Teilakt des Eigentumserwerbs vollzogen ist.[80]

V müsste also eine dieser gesicherten Rechtspositionen erlangt haben. Die Auflassung des Grundstücks von S an V war notariell beurkundet worden. Damit war die Auflassung gemäß § 873 Abs. 2 für die Beteiligten bindend geworden. V (als Erwerber) hatte sodann dann beim Grundbuchamt einen Antrag auf die Eintragung als Eigentümer des Grundstücks gestellt, sodass V dieser Ansicht nach (s. unter (1)) ein Anwartschaftsrecht am Grundstück erlangt hat.

bb) Die Gegenansicht[82] lehnt jedoch ein Anwartschaftsrecht an Grundstücken ab.

Dies wird u.a. damit begründet, dass eine Weiterveräußerung regelmäßig nur nach § 185 erfolgen könne.[83] Der Anerkennung eines Anwartschaftsrechts stehe zudem der Regelung des § 873 entgegen, wonach Rechte an Grundstücken nur durch Einigung und Grundbucheintragung entstehen können.[84] Ferner könne auch aus § 17 GBO kein Schluss auf einen umfassenden Schutz des Auflassungsempfängers gezogen werden, da dadurch nur das formelle Grundbuchrecht geregelt werde, das durch das Grundbuchamt missachtet werden könne.[85]

Hiernach besteht also kein Anwartschaftsrecht des V, das er auf D hätte übertragen können.

cc) Schon allein aus Rechtsschutzgesichtspunkten und wegen seines praktischen Bedürfnisses bedarf es auf Seiten des Auflassungsempfängers eines Anwartschaftsrechts. Schließlich besteht selbst nach dem Erwerb des Volleigentums wegen der Möglichkeit eines gutgläubigen Erwerbs kein umfassender Schutz gegen Verfügungen seitens Dritter.[86] Auch wenn ein Anwartschaftsrecht gar keinen absoluten Schutz vor Verfügungen Dritter erfordert,[87] so hat der nicht eingetragene Erwerber doch ein anerkennenswertes Interesse daran, auch vor Eintragung über das Grundstück verfügen zu können. Ein Rückgriff auf § 185 ist nicht in allen Fällen möglich und wirkt häufig konstruiert. Die Anerkennung eines Anwartschaftsrechts verstößt zudem auch nicht gegen den *numerus clausus* der Sachenrechte. Als Durch-

---

80 Soergel/Stürner § 873 Rn. 14.

81 BeckOK/Grün § 925 Rn. 43.

82 Habersack Ex-Rep Sachenrecht Rn. 300; Habersack JuS 2000, 1145 (1146 f.); MünchKomm/Kohler § 873 Rn. 91.

83 Medicus DNotZ 1990, 275, 280 f.

84 Hieber DNotZ 1959, 350, 350 f.

85 Habersack Ex-Rep Sachenrecht Rn. 300; Habersack JuS 2000, 1145, 1146.

86 Im Ergebnis ebenso: Erman/M. Artz § 925 Rn. 57.

87 Im Ergebnis ebenso: BGHZ 49, 197, 201.

gangsstadium des Eigentums und damit als „wesensgleiches Minus“ teilt es nämlich dessen dinglichen Charakter.[88]

Zu folgen ist mithin der ersten Ansicht. Demnach war V Inhaber eines Anwartschaftsrechts an dem Grundstück.

b) Dieses müsste er wirksam auf D übertragen haben.

Die Übertragung des Anwartschaftsrechts erfolgt durch eine Auflassung i.S.d. § 873 Abs. 1 (analog) unter Wahrung der Auflassungsform des § 925 ohne Zustimmung des Eigentümers, wobei allerdings eine Eintragung weder erforderlich noch möglich ist.[89] Mit Eintragung erstarkt es zum Vollrecht, und zwar unmittelbar in der Person des Erwerbers des Anwartschaftsrechts, also ohne Durchgangserwerb des Veräußerers.[90]

V und D haben sich in der Form des § 925 über den Übergang des Grundstückseigentums nach § 873 Abs. 1 (analog) geeinigt. Zwar bezog sich die Einigung auf die Übertragung des Eigentums. Den Parteien ging es aber darum, dem D das Eigentum an dem Grundstück zu verschaffen. Bei interessengerechter Auslegung (§§ 133, 157) muss man davon ausgehen, dass der Parteiwille im Falle eines Scheiterns der Eigentumsübertragung aufgrund der fehlenden Berechtigung des V jedenfalls auf die Übertragung eines Anwartschaftsrechts des V gerichtet war.

Somit haben sich V und D über die Übertragung des Anwartschaftsrechts gemäß §§ 873 Abs. 1 (analog), 925 geeinigt, sodass D von V ein Anwartschaftsrecht am Grundstück erworben hat, welches mit der Eintragung des D als Eigentümer im Grundbuch zum Vollrecht erstarkt ist.

D ist folglich Eigentümer des Grundstücks geworden.

II. Ferner müsste S gemäß § 985 **Besitzer** des Grundstücks sein.

Mangels entgegenstehender Anhaltspunkte übt S die tatsächliche Sachherrschaft i.S.d. § 854 über das Grundstück aus und ist damit dessen Besitzer.

III. Des Weiteren dürfte S **kein Recht zum Besitz** des Grundstücks i.S.d. § 986 haben.

Zwar hat S mit V gemäß §§ 433, 311 b Abs. 1 einen wirksamen Grundstückskaufvertrag geschlossen. Aus diesem kann S jedoch schon allein deshalb kein obligatorisches Recht zum Besitz gegenüber D ableiten, weil der Vertrag nur zwischen den Parteien (inter partes) wirkt. Ferner steht S gegenüber D auch kein dingliches Recht zum Besitz zu.

Mithin hat D gegenüber S einen Anspruch auf Herausgabe des Grundstücks aus §§ 985, (986).

88 Im Ergebnis ebenso: Erman/M. Artz § 925 Rn. 57.

89 BGHZ 49, 197, 202; 114, 161, 164; Palandt/Herrler § 925 Rn. 26.

90 BGHZ 49, 197, 205.

5. Teil: Der Übergang des Grundeigentums kraft Gesetzes oder Hoheitsaktes

Fall 22: Der Übergang des Grundeigentums kraft Gesetzes

Hauseigentümer und Pferdezüchter P verstarb ganz plötzlich im Jahre 1988 an einem Herzinfarkt, nachdem er wieder einmal von einem windigen Pferdekäufer übers Ohr gehauen worden war. Als Witwer hinterließ P seinen einzigen Sohn S, der geplant hatte, sich nunmehr als Privatier auf dem väterlichen Anwesen in Heidelberg niederzulassen. Als S im Nachlass seines Vaters jedoch ein handschriftliches Testament von 1985 fand, in dem er seinen alten Freund F zum Alleinerben bestimmte, verwarf S seine Pläne und lebte stattdessen weiterhin in seiner bisherigen Wohnung. Selbst in das Haus des verstorbenen Vaters einzuziehen war ihm nun, da er von der Berechtigung des F ausging, zu unsicher. Jedoch war er davon überzeugt, dass er dem F nicht auch noch zu seinem Glück verhelfen und ihm das Haus von sich aus überlassen müsse.

F, der aber auf anderem Wege bereits Kenntnis von seinem „Glück" erlangt hatte, ließ sich gegen Vorlage des ihm mittlerweile erteilten Erbscheins daher 1988 als Eigentümer des Grundstücks in das Grundbuch der Stadt Heidelberg eintragen. Ohne dies mit S abzusprechen bezog er sogleich das Haus und begann noch am Tage des Einzugs mit Umbauarbeiten im Erdgeschoss. Als sich 2019 durch Zufall herausstellte, dass P bei Abfassung des Testaments unerkannt geisteskrank war, verlangt S von F das Grundstück heraus. F verweigert die Herausgabe und beruft sich auf Verjährung.

Zu Recht?

A. Anspruch aus § 2018

S könnte gegenüber F zunächst einen Anspruch auf Herausgabe des Grundstücks aus § 2018 haben.

§ 2018 ist eine eigene Anspruchsgrundlage! Als Gesamtanspruch tritt § 2018 neben §§ 985, 1007, 861, 812, 823 ff. etc. und erstreckt sich unmittelbar auf die aus dem Nachlass erlangten Gegenstände und Surrogate (§ 2019).

I. Dazu müsste S den P gemäß § 1922 im Wege der Universalsukzession zunächst **beerbt** haben.

Ein Erbrecht des S könnte kraft gesetzlicher Erbfolge nach den §§ 1924 ff. bestehen, wenn F nicht kraft gewillkürter Erbfolge nach den §§ 1937 ff. testamentarischer oder erbvertraglicher Alleinerbe des P geworden ist.

Das Testament aus dem Nachlass des P weist F als Alleinerben aus. Fraglich ist jedoch, ob dieses Testament auch wirksam errichtet wurde. P war bei der Errichtung unerkannt geisteskrank und damit gemäß § 2229 Abs. 4 testierunfähig, sodass das Testament des P von 1985 unwirksam ist. F ist mithin nicht kraft gewillkürter Erbfolge testamentarischer Alleinerbe des P geworden, weshalb S auch nicht von der Erbfolge des P ausgeschlossen ist.

Mangels gewillkürter Erbfolge ist S als einziger Sohn des P dessen gesetzlicher Erbe erster Ordnung (§ 1924 Abs. 1). Darüber hinaus war P auch verwitwet, sodass S sein gesetzlicher Alleinerbe ist (vgl. § 1931).

II. Des Weiteren müsste F **Erbschaftsbesitzer i.S.d. § 2018** sein.

1. Dazu müsste er eine Sache aus dem Nachlass besitzen. Das Grundstück gehört zum Nachlass des P. F bewohnt das Grundstück und hat es also unmittelbar in Besitz (§ 854).

2. F müsste schließlich aufgrund eines in Wirklichkeit nicht bestehenden Erbrechts besitzen. Erbschaftsbesitzer kann nur sein, wer sich ein vermeintliches Erbrecht anmaßt.[91] F hat das Grundstück als vermeintlicher Erbe des P in Besitz genommen. Damit hat er sich ein nicht bestehendes Erbrecht angemaßt.

F ist folglich Erbschaftsbesitzer, sodass der Anspruch aus § 2018 wirksam entstanden ist.

III. Mangels entgegenstehender Anhaltspunkte ist der Anspruch auch nicht untergegangen.

IV. Ferner müsste der Anspruch auch durchsetzbar sein.

Dies ist jedenfalls dann nicht der Fall, wenn der Anspruch gemäß § 214 Abs. 1 verjährt ist und F die Einrede der Verjährung erhoben hat.

Der Anspruch aus § 2018 unterliegt gemäß § 197 Abs. 1 Nr. 2 einer dreißigjährigen Verjährungsfrist. Die Frist beginnt nach § 200 S. 1 i.V.m. § 187 Abs. 1 mit der Inbesitznahme des Grundstücks durch den F im Jahre 1988 zu laufen und endet daher gemäß § 188 Abs. 2 im Jahre 2018.

Mithin ist der Anspruch aus § 2018 im Jahre 2019 verjährt und mit Blick darauf, dass F sich auch auf die Verjährung des Anspruchs beruft, im Ergebnis nicht durchsetzbar.

Somit hat S gegenüber F keinen Anspruch auf Herausgabe des Grundstücks aus § 2018.

B. Anspruch aus § 985

S könnte aber gegenüber F einen Anspruch auf Herausgabe des Grundstücks aus §§ 985, (986) haben.

Dann müsste S gemäß § 985 **Eigentümer** des Grundstücks sein.

I. Ursprünglich stand das Grundstück im Eigentum des P. Mit dessen Tode im Jahre 1988 ist das Eigentum als Ganzes im Wege der Universalsukzession auf den Erben S übergegangen (§ 1922 Abs. 1).

Eingetragene Rechte können vom fälschlich als Berechtigten Eingetragenen bzw. seinem Erben kraft Gesetzes ersessen werden (§ 900).

II. Ferner dürfte S das Eigentum nicht wieder verloren haben.

Er hat das Eigentum an F nach **§ 900 Abs. 1 S. 1** verloren, wenn die Voraussetzungen einer **Buchersitzung** in der Person des F vorliegen.

1. Dazu müsste F als Eigentümer des Grundstücks in das Grundbuch eingetragen sein, war vorliegend der Fall ist.

2. F müsste das Grundstück ferner in Eigenbesitz haben. Eigenbesitzer i.S.d. § 872 ist, wer eine Sache als ihm gehörig besitzt.[92] Erforderlich ist, dass der

91 Erman/Horn § 2018 Rn. 2; Palandt/Weidlich § 2018 Rn. 4.

92 Palandt/Herrler § 872 Rn. 1.

Wille, die Sache wie ein Eigentümer zu besitzen, nach außen kundgetan wird.

F hat das Haus bezogen und bewohnt es seitdem. Im Untergeschoss ließ er bereits am Tage des Einzugs Umbauarbeiten durchführen. Er hat also deutlich gemacht, dass er das Grundstück wie ein Eigentümer besitzen wollte. Damit ist F Eigenbesitzer des Grundstücks.

3. Die Eintragung des F sowie sein Eigenbesitz an dem Grundstück müssten schließlich über 30 Jahre hinweg bestanden haben.

Die Eintragung des F in das Grundbuch und der Einzug in das Haus erfolgten 1988. Die Ersitzungszeit begann also im Zeitpunkt der Inbesitznahme des Grundstücks (§ 187 Abs. 1) und endete damit in 2018 (§ 188 Abs. 2). Dass der Eigenbesitz während dieser Zeit fortbestand, wird nach § 900 Abs. 1 S. 2 i.V.m. § 938 vermutet. Damit ist F nach § 900 Abs. 1 S. 1 Eigentümer des Grundstücks geworden.

S ist somit im Jahre 2019 nicht mehr Grundstückseigentümer.

III. Möglicherweise kann sich F jedoch dem S gegenüber nicht auf die Ersitzung berufen. Nach **§ 2026 ist eine Berufung auf die Ersitzung einer Sache nämlich ausgeschlossen**, solange der Herausgabeanspruch aus § 2018 nicht verjährt ist. Der Anspruch des S gegen F auf Herausgabe des Grundstücks aus § 2018 ist jedoch verjährt. Eine Berufung auf die Ersitzung durch F ist somit auch nicht nach § 2026 ausgeschlossen.

Mithin hat S gegenüber F keinen Anspruch auf Herausgabe des Grundstücks aus §§ 985, (986).

C. Anspruch aus § 861 Abs. 1

Jedoch könnte S gegenüber F einen Anspruch auf Herausgabe des Grundstücks aus § 861 Abs. 1 S. 1 haben.

I. Dafür müsste zunächst **S früherer Besitzer** des Grundstücks sein. Nach § 857 ging der Besitz des P auf den S als seinen Erben über. Dieser sogenannte fingierte Erbenbesitz[93] reicht aus, um die Besitzschutzansprüche der §§ 861 ff. auszulösen.[94] Damit ist S früherer Besitzer des Grundstücks.

II. Ferner müsste **F gegenwärtig Besitzer** des Grundstücks sein. Indem F das Haus auch heute noch bewohnt und somit die tatsächliche Sachherrschaft über das Grundstück ausübt, ist dies vorliegend der Fall.

III. Zudem müsste **F den Besitz im Wege der verbotenen Eigenmacht erlangt** haben. Verbotene Eigenmacht liegt nach § 858 Abs. 1 in der Besitzerlangung gegen oder ohne den Willen des Besitzers, wenn keine gesetzliche Gestattung vorliegt. S wusste nichts von der Besitzergreifung durch F, sodass diese ohne seinen Willen erfolgte. Eine gesetzliche Gestattung griff zugunsten des F indes nicht ein. Damit handelte F in verbotener Eigenmacht, als er den Besitz des Grundstücks ergriff.

---

93 Vgl. Erman/A. Lorenz § 857 Rn. 5.

94 Erman/A. Lorenz § 857 Rn. 6.

II. Anspruch nicht untergegangen

Ferner dürfte der Anspruch aus § 861 Abs. 1 S. 1 nicht untergegangen sein. In Betracht kommt hier ein Erlöschen des Besitzschutzanspruches nach § 864. Vorliegend hat F den Besitz bereits im Jahre 1988 erlangt, sodass seit der Besitzergreifung in verbotener Eigenmacht (§ 858 Abs. 2) schon weit mehr als 1 Jahr vergangen ist. Somit ist der Anspruch gemäß § 864 Abs. 1 i.V.m. §§ 187 Abs. 1, 188 Abs. 2 untergegangen.

S hat gegenüber F demzufolge keinen Anspruch auf Herausgabe des Grundstücks aus § 861 Abs. 1 S. 1.

D. Anspruch aus § 823 Abs. 1 i.V.m. § 249 Abs. 1

Jedenfalls der rechtmäßige Besitz stellt ein sonstiges Recht i.S.d. § 823 Abs. 1 dar.[95]

S hat auch keinen Anspruch gegenüber F auf Herausgabe des Grundstücks aus § 823 Abs. 1 i.V.m. § 249 Abs. 1 (Naturalrestitution); der haftungsbegründende Tatbestand liegt mangels Verschulden des F nicht vor.

E. Anspruch aus § 812 Abs. 1 S. 1 Var. 2 (Nichtleistungskondiktion)

S könnte aber gegenüber F einen Anspruch auf Herausgabe des Grundstücks aus § 812 Abs. 1 S. 1 Var. 2 haben.

I. Dazu muss F zunächst etwas auf Kosten des S erlangt haben.
F hat Eigentum und Besitz an dem Hausgrundstück auf Kosten des früheren Eigentümers und Besitzers S, also vermögenswerte Vorteile und damit „etwas" i.S.d. § 812 erlangt.[96]

II. Dies müsste in anderer Weise als durch Leistung des S geschehen sein.
Leistung ist die bewusste und zweckgerichtete Mehrung fremden Vermögens.[97] Eine bewusste und zweckgerichtete Mehrung des Vermögens des F durch S oder P, als Rechtsvorgänger des S, ist nicht ersichtlich. Folglich hat F Eigentum und Besitz in sonstiger Weise auf Kosten des S erlangt.

III. Dies müsste schließlich ohne Rechtsgrund erfolgt sein.
Der Rechtsgrund für das Behaltendürfen könnte sich aus § 900 Abs. 1 S. 1 ergeben. Für den Fall einer **Leistungskondiktion** ist **umstritten, ob eine Ersitzung als Rechtsgrund** für das Behaltendürfen angesehen werden kann.[98] Für solche Fälle, in denen die Sache **nicht durch Leistung** erlangt wurde, besteht jedoch **Einigkeit** darüber, dass die **Ersitzung einen Rechtsgrund** für das Behaltendürfen der Sache darstellt.[99]
F hat das Grundstück gemäß § 900 Abs. 1 S. 1 ersessen und somit Eigentum und Besitz nicht rechtsgrundlos erlangt.

IV. Folglich hat S gegenüber F im **Ergebnis** keinen Anspruch auf Herausgabe des Grundstücks aus § 812 Abs. 1 S. 1 Var. 2.

95 Palandt/Sprau § 823 Rn. 13.
96 Vgl. Erman/P. Buck-Heeb § 812 Rn. 3.
97 BGH NJW 2004, 1169; Erman/P. Buck-Heeb § 812 Rn. 11.
98 Vgl. Staudinger/Picker § 900 Rn. 24; Staudinger/Wiegand § 937 Rn. 18 ff.
99 Vgl. Staudinger/Wiegand § 937 Rn. 22; Palandt/Herrler vor § 937 Rn. 2.

Fall 23: Der Übergang des Grundeigentums kraft Hoheitsaktes
(LG Saarbrücken 06.10.1993 – 4 O 155/93, LG Saarbrücken NJW-RR 1994, 1293 ff.)

Professorin Dr. med. dent. N ist Eigentümerin eines Grundstücks in Berlin, das mit einem Einfamilienhaus bebaut ist, in dem sie wohnt. Im Jahre 2017 folgt sie dem Ruf an eine bekannte englische Hochschule und lebt fortan in London.

Anfang 2019 betreibt die Justizkasse aufgrund eines Titels die Zwangsvollstreckung gegen die in Berlin ansässige erfolglose Schmuckdesignerin N. Infolge einer zufälligen Namensgleichheit von Dr. N und N kommt es zu einer Verwechslung, sodass die Zwangsvollstreckung in das Grundstück der Dr. N betrieben wird. Im Termin zur Zwangsversteigerung am 14.03.2019 wird K, einem früheren Kollegen der Dr. N, für einen Betrag von 200.000 € der Zuschlag erteilt. Zwar hatte K die Verwechslung erkannt, aber da ihm das Grundstück immer schon gefiel, wollte er die Gelegenheit zum günstigen Erwerb unbedingt nutzen.

Als Dr. N Anfang März 2020 nach Deutschland zurückkehrt und von der Versteigerung erfährt, wendet sie sich – nachdem sie den ersten Schock überwunden hat – am 26.04.2020 an einen Rechtsanwalt.

Sie möchte von ihm wissen, ob sie von K das Grundstück herausverlangen kann.

A. Anspruch aus § 985

Dr. N könnte gegenüber K einen Anspruch auf Herausgabe des Grundstücks aus §§ 985, (986) haben.

Dazu müsste Dr. N gemäß § 985 zunächst Grundstückseigentümerin sein.

Die Zwangsvollstreckung in ein Grundstück kann gemäß § 866 Abs. 1 ZPO durch Zwangshypothek, Zwangsverwaltung und durch Zwangsversteigerung erfolgen.

I. Ursprünglich stand das von Dr. N bewohnte Grundstück in ihrem Eigentum.

II. Sie könnte ihr Eigentum daran jedoch gemäß § 90 Abs. 1 ZVG im Rahmen der Zwangsversteigerung an K verloren haben.

Das setzt voraus, dass K in der Zwangsversteigerung des Grundstücks der Zuschlag erteilt wurde.

Im Versteigerungstermin am 14.03.2019 hatte der K ein Gebot von 200.000 € abgegeben, woraufhin ihm der Zuschlag erteilt wurde.

Fraglich ist aber, wie es sich auswirkt, dass K wusste, dass das Grundstück nicht der Vollstreckungsschuldnerin N, sondern Dr. N gehörte.

Die Anwendung der Gutglaubensvorschriften scheitert hier daran, dass es sich nicht um ein Rechtsgeschäft i.S.e. Verkehrsgeschäftes handelt.

Beim Eigentumsübergang nach **§ 90 Abs. 1 ZVG** handelt es sich um einen originären, nicht vom Vollstreckungsschuldner abgeleiteten, **Erwerb kraft staatlichen** (öffentlich-rechtlichen) **Hoheitsaktes**, der seine rechtsbegründenden Wirkungen im privatrechtlichen Bereich hat.[100] Der Übergang des Eigentums am Grundstück (§ 90 Abs. 1 ZVG) und an den mitversteiger-

100 Böttcher in Böttcher, ZVG, 5. Aufl. 2010; § 90 Rn. 1; Storz/Kiderlen, Praxis des Zwangsversteigerungsverfahrens, 12. Aufl. 2014, D. 5.2.1; Wolf JA 2010, 659.

ten Gegenständen (§ 90 Abs. 2 ZVG) erfolgt automatisch mit dem Wirksamwerden des Zuschlags (§§ 89, 104 ZVG), setzt also weder die Eintragung im Grundbuch noch die Bezahlung im (späteren) Verteilungstermin voraus und ist auch unabhängig von den bisherigen Eigentumsverhältnissen und vom guten oder bösen Glauben des Erstehers.[101]

Der Eigentumserwerb nach § 90 Abs. 1 ZVG vollzieht sich ohne Eintragung ins Grundbuch; das Grundbuch wird also automatisch unrichtig. Die Grundbuchberichtigung erfolgt dann gemäß § 130 Abs. 1 S. 1 ZVG von Amts wegen und hat lediglich deklaratorische Wirkung.[102]

Somit ist trotz der Bösgläubigkeit des K mit Erteilung des Zuschlags das Grundstückseigentum auf ihn übergegangen. Als Ersteigerer erwirbt K rechtsbeständiges Eigentum.

Dr. N hat somit ihr Eigentum an dem Grundstück verloren und damit keinen Anspruch gegenüber K auf Herausgabe des Grundstücks aus §§ 985, (986).

B. Anspruch aus § 812 Abs. 1 S. 1 Var. 2 (Nichtleistungskondiktion)

Dr. N hat auch keinen Anspruch gegenüber K auf Herausgabe des Grundstücks aus § 812 Abs. 1 S. 1 Var. 2. Zwar hat K das Eigentum an dem Grundstück und damit einen vermögenswerten Vorteil, also ein kondiktionsfähiges „etwas" i.S.d. § 812, in sonstiger Weise auf Kosten der Dr. N. erlangt. Dies geschah aber mit Rechtsgrund, der bei einem Eigentumserwerb in der Zwangsversteigerung in dem Zuschlag selbst liegt.[103]

C. Anspruch aus § 823 Abs. 1 i.V.m. § 249 Abs. 1

Mangels eines deliktischen bzw. rechtswidrigen Verhaltens des K hat Dr. N auch keinen Anspruch gegenüber K auf Herausgabe des Grundstücks im Wege der Naturalrestitution aus § 823 Abs. 1 i.V.m. § 249 Abs. 1.

D. Anspruch aus § 826 i.V.m. § 249 Abs. 1

Mangels vorsätzlicher sittenwidriger Schädigung scheidet auch ein Anspruch von Dr. N gegenüber K auf Herausgabe des Grundstücks aus § 826 i.V.m. § 249 Abs. 1 im Wege der Naturalrestitution aus. Zwar ist anerkannt, dass das Verhalten des Erstehers bei der Zwangsversteigerung grundsätzlich einen Schadensersatzanspruch nach § 826 auslösen kann.[104] Die bloße Ausnutzung eines unrichtigen Zuschlags genügt hierbei jedoch nicht, sondern es ist das Hinzutreten besonderer Umstände erforderlich.[105] Auch wenn K wusste, dass das Grundstück, das in der Zwangsvollstreckung gegen N zur Versteigerung kam, in Wirklichkeit Dr. N gehörte, hat er durch die bloße Nichtaufklärung der Verwechslung bei der Zwangsversteigerung nicht in verwerflicher Weise auf die Versteigerung der schuldnerfremden Sache hingewirkt.

---

101 Böttcher in Böttcher, ZVG, § 90 Rn. 3; Storz/Kiderlen, Praxis des Zwangsversteigerungsverfahrens, 12. Aufl. 2014, D. 5.2.1; Wolf JA 2010, 659.

102 Vgl. Böttcher in Böttcher, ZVG, 5. Aufl. 2010, § 130 Rn. 1; vgl. Stöber, ZVG, 21. Aufl. 2016, § 90 Rn. 2.

103 Baur/Stürner/Bruns, Zwangsvollstreckungsrecht, 13. Aufl. 2006, 29.18.; vgl. Jauernig/Stadler, § 812 Rn. 65; vgl. Wolf JA 2010, 659, 660.

104 BGH NJW 1979, 161, 162.

105 BGHZ 53, 47, 50.

Anmerkung:

Zwar hat Dr. N im vorliegenden Fall grundsätzlich die Möglichkeit, den Zuschlagsbeschluss im Wege der sofortigen Beschwerde nach § 95 ZVG anzufechten. Als ursprünglich eingetragene Eigentümerin wäre sie nach § 97 Abs. 1 i.V.m. § 9 Nr. 1 ZVG auch beschwerdeberechtigt. Allerdings beträgt die Frist für die sofortige Beschwerde nach § 96 ZVG i.V.m. § 569 Abs. 1 S. 1 ZPO nur 2 Wochen. Dabei handelt es sich um eine Notfrist, die für im Versteigerungstermin Anwesende mit der Verkündung des Zuschlags (§ 98 S. 2 ZVG), im Übrigen mit der Zustellung des Zuschlagsbeschlusses (§ 96 ZVG i.V.m. § 569 Abs. 1 S. 2 ZPO), spätestens jedoch 5 Monate nach Verkündung, beginnt. Selbst wenn man davon ausgeht, dass der Beschluss Dr. N infolge der Namensverwechslung nicht zugestellt wurde, ist am 26.04.2020 die Frist für die sofortige Beschwerde abgelaufen. Sie hat hier ausnahmsweise keine Möglichkeit mehr, den Zuschlagsbeschluss an K anzufechten.

6. Teil: Beschränkt dingliche Rechte am Grundeigentum

1. Abschnitt: Die Hypothek

Fall 24: Ersterwerb einer Buchhypothek vom Berechtigten

S benötigt für umfangreiche Sanierungsarbeiten an seinem Berliner Altbau ein Bankdarlehen i.H.v. 100.000 €. Die G-Bank ist gerne bereit, ihm diese Summe zur Verfügung zu stellen, verlangt aber zur Absicherung ihrer Forderungen eine Sicherheit. Da der G die von S angebotenen Formen der Schuldsicherung (Bürgschaft, Schuldübernahme, etc.) nicht sicher genug sind, vereinbaren beide die Belastung des Grundstücks des S mit einer Hypothek zugunsten der G unter Verzicht auf die Erteilung eines Hypothekenbriefes, was dann auch ordnungsgemäß im Grundbuch eingetragen wird. Als die Rückzahlung des Darlehens fällig ist, kann S nicht zahlen.

Kann G gegen S aus der Hypothek vorgehen?

G könnte gegenüber S einen **Anspruch auf Duldung der Zwangsvollstreckung aus § 1147** haben.

Die Hypothek ist ein sog. **Grundpfandrecht**. Als beschränkt dingliches Recht am Grundstück stellt sie im Unterschied zu den Dienstbarkeiten (*vgl. Fall 34*) ein Verwertungsrecht dar.

Die Duldung der Zwangsvollstreckung kann G danach nur verlangen, wenn G am Grundstück des S eine Hypothek erworben hat, diese nicht wieder erloschen ist und der hypothekarischen Inanspruchnahme keine Einreden entgegenstehen.

A. Anspruch entstanden (= „Hypothek entstanden")

Zunächst müsste G von S also eine Hypothek erworben haben und damit Hypothekengläubigerin geworden sein.

In Betracht kommt hier ein **Ersterwerb** der Hypothek der G von S gemäß §§ 873 Abs. 1, 1113, 1115 ff.

I. Dazu müssten sich S und G gemäß §§ 873 Abs. 1, 1113 zunächst darüber **geeinigt** haben, dass das Grundstück des S in der Weise belastet wird, dass an G zur Befriedigung einer ihr zustehenden Forderung eine bestimmte Geldsumme aus dem Grundstück zu zahlen ist.

Vorliegend vereinbaren S und G die Belastung des Grundstücks des S zur Absicherung einer Darlehensrückzahlungsforderung der G i.H.v. 100.000 € und haben sich damit im vorgenannten Umfang geeinigt.

II. Des Weiteren müsste die Bestellung einer Hypothek zulasten des S und zugunsten der G gemäß § 873 Abs. 1 mit dem in § 1115 genannten Umfang im Grundbuch **eingetragen** werden. Da es sich außerdem um eine **Buchhypothek** handelt, muss gemäß § 1116 Abs. 2 S. 3 auch der Ausschluss der Erteilung des Hypothekenbriefes eingetragen werden.

Vorliegend wurde sowohl die Hypothek als solche mit den gemäß § 1115 erforderlichen Angaben als auch der Ausschluss der Erteilung des Hypothekenbriefes ordnungsgemäß im Grundbuch eingetragen.

Gesetzlicher Normalfall gemäß § 1116 Abs. 1 ist die Briefhypothek.

Die **Hypothek** ist (im Unterschied zur Grundschuld) ein **streng akzessorisches Sicherungsrecht** und daher in ihrem Bestand von der zu sichernden, schuldrechtlichen Forderung abhängig.

III. Zudem müsste die zu sichernde, schuldrechtliche **Forderung der G wirksam** entstanden sein.
Aufgrund des wirksam von S und G geschlossenen Darlehensvertrages und der nunmehr eingetretenen Fälligkeit hat G gegenüber S einen wirksamen Darlehensrückzahlungsanspruch aus § 488 Abs. 1 S. 2. Dieser Rückzahlungsanspruch soll auch durch die Hypothek abgesichert werden.
Mithin ist die zu sichernde, schuldrechtliche Forderung der G entstanden.

IV. Ferner müssten sich S und G im Zeitpunkt der Eintragung der Hypothek auch noch **einig** gewesen sein. Bis dahin ist die Einigung gemäß § 873 Abs. 2 grundsätzlich frei widerruflich, es sei denn, die Bindungswirkung nach § 873 Abs. 2 ist bereits ausgelöst worden.
Mangels abweichender Anhaltspunkte kann vorliegend davon ausgegangen werden, dass sich S und G auch im Zeitpunkt der Eintragung der Hypothek noch über deren Bestellung einig waren.

V. Weiterhin müsste S zur Hypothekenbestellung (Ersterwerb) nach §§ 873 Abs. 1, 1113 berechtigt gewesen sein.
Zur Belastung des Grundstücks mit einem beschränkt dinglichen Recht ist nur der verfügungsbefugte Eigentümer oder der verfügungsbefugte Nichteigentümer berechtigt.[106]
S ist verfügungsbefugter Eigentümer seines Grundstücks und damit auch zur Hypothekenbestellung berechtigt.

Somit hat G von S gemäß §§ 873 Abs. 1, 1113, 1115 ff. im Wege des Ersterwerbs eine Hypothek erworben, sodass der Anspruch der G gegenüber S auf Duldung der Zwangsvollstreckung aus § 1147 entstanden ist.

B. Anspruch nicht untergegangen (= „Hypothek nicht untergegangen")

Mangels Untergangs der zu sichernden Forderung und mangels Eingreifens von rechtsvernichtenden Einwendungen, die sich direkt gegen die hypothekarische Inanspruchnahme richten, ist der Anspruch auf Duldung der Zwangsvollstreckung von G gegenüber S aus § 1147 auch nicht untergegangen.

C. Anspruch durchsetzbar (= „Hypothek durchsetzbar")

Ferner liegen weder gegen die zu sichernde Forderung (vgl. § 1137) noch direkt gegen die hypothekarische Inanspruchnahme rechtshemmende Einwendungen vor, sodass der Anspruch auf Duldung der Zwangsvollstreckung von G gegenüber S aus § 1147 auch durchsetzbar ist.

Mithin hat G gegenüber S einen Anspruch auf Duldung der Zwangsvollstreckung aus § 1147.

Anmerkung:
Die Prüfungsreihenfolge bei der Hypothek ähnelt der bei der Bürgschaft, da es sich bei beiden um akzessorische Sicherungsrechte handelt. Auf der Ebene der Entstehung, des Erlöschens und der Durchsetzbarkeit sind daher sowohl die zu sichernde Forderung als auch das (dingliche) Recht / die Bürgschaft selbst zu beachten.

---

106 Palandt/Herrler § 873 Rn. 11; Habersack Ex-Rep Sachenrecht Rn. 286 ff., 361 ff.

Fall 25: Zweiterwerb einer Briefhypothek vom Berechtigten

Der Schuhmacher S fährt in seiner Freizeit gerne schnelle Sportwagen. Um dabei nicht immer auf die Flitzer seiner Freunde angewiesen zu sein, beabsichtigt er, sich einen Maserati Coupé Cambiocorsa für 40.000 € zu kaufen. Da ihm dazu allerdings die nötigen Barmittel fehlen, bittet er den Großverdiener G, ihm die Summe zu borgen. G ist dazu gerne bereit, verlangt aber eine Sicherheit. Kurzum bestellt S dem G an seinem Grundstück wirksam eine Hypothek. Nachdem G vom Grundbuchamt der Hypothekenbrief über die am Grundstück des S zugunsten des G bestellte Hypothek übergeben worden ist, zahlt G die 40.000 € an S aus. Als der G nach einigen Wochen jedoch selbst in einen finanziellen Engpass gerät, überträgt er die Hypothek durch schriftliche Vereinbarung an H und übergibt diesem auch den Hypothekenbrief.

Als H von S einige Monate später die Duldung der Zwangsvollstreckung in das Grundstück verlangt, entgegnet S, dass er – was zutrifft – von dem „Verkauf" der Hypothek an H überhaupt nichts gewusst und erst vor wenigen Tagen ja auch die 40.000 € an G zurückgezahlt habe.

Hat H gegen S einen Anspruch auf Duldung der Zwangsvollstreckung?

H könnte einen Anspruch gegenüber S auf Duldung der Zwangsvollstreckung aus § 1147 haben.

A. Anspruch entstanden (= „Hypothek entstanden")

Die Hypothek kann nach ihrer Bestellung nicht losgelöst rechtsgeschäftlich erworben werden, sondern geht mit der Übertragung der Forderung auf den neuen Gläubiger über.
Dieses **Mitlaufgebot** ergibt sich bereits aus § 401 Abs. 1 und wird durch § 1153 Abs. 1 für unabdingbar erklärt.

H müsste Inhaber einer Hypothek, also Hypothekengläubiger, geworden sein.

In Betracht kommt hier ein **Zweiterwerb** der Hypothek des H von G gemäß §§ 1153 Abs. 1, 1154, 398.

I. Dazu ist nach **§ 1153 Abs. 1** erforderlich, dass H die zu sichernde Forderung von G erlangt hat.

1. G und H müssten sich gemäß § 398 über die **Abtretung der zu sichernden Forderung geeinigt** haben.

Eine Einigung besteht aus zwei empfangsbedürftigen Willenserklärungen, nämlich Angebot und Annahme, und könnte in der „Übertragung" der Hypothek von G an H zu sehen sein. Fraglich ist in diesem Zusammenhang aber, was überhaupt unter „Übertragung" der Hypothek zu verstehen ist. Die Erklärungen der Parteien sind dabei nach den §§ 133, 157 auszulegen, wobei insbesondere die wirtschaftliche Interessenlage der Parteien zu berücksichtigen ist.

Dem Verfügungsgeschäft der Abtretung nach § 398 liegt als Verpflichtungsgeschäft ein Rechtskauf gemäß §§ 433, 453 hinsichtlich des Darlehensrückzahlungsanspruchs (= Forderung) zugrunde.

Zwar haben sich die Parteien dem Wortlaut nach nur in Bezug auf die Übertragung der Hypothek geeinigt. Eine Übertragung der Hypothek ist jedoch nach § 1153 Abs. 1 nur durch Übertragung der zu sichernden Forderung möglich. Laien wird jedoch häufig nicht bewusst sein, ob die Hypothek der Forderung folgt oder umgekehrt. Wirtschaftlich wollen die Parteien in der Regel jedoch, dass sowohl die zu sichernde Forderung als auch die Hypothek übergehen. Also ist unter „Übertragung der Hypothek" die Abtretung der hypothekarisch gesicherten Forderung zu verstehen.[107]

Demnach haben sich G und H über die Abtretung des zu sichernden Darlehensrückzahlungsanspruchs des G gegen S aus § 488 Abs. 1 S. 2 gemäß § 398 geeinigt.

2. Ferner müsste diese Einigung auch **wirksam** sein.

Die Abtretung der zu sichernden Forderung ist gemäß § 125 S. 1 i.V.m. §§ 1154 Abs. 1 S. 1, 1117 formunwirksam, wenn die Abtretungserklärung nicht in schriftlicher Form erteilt wird und/oder der Hypothekenbrief nicht übergeben wird.

Merke:
Eine hypothekarisch gesicherte Forderung muss in der Form des § 1154 Abs. 1 abgetreten werden.

Vorliegend „überträgt" G an H die Hypothek schriftlich, erklärt also nach oben dargelegter Auslegung die Abtretung des Darlehensrückzahlungsanspruchs in schriftlicher Form. Zudem übergibt G dem H den Hypothekenbrief gemäß §§ 1117 Abs. 1 S. 1, 929 S. 1.

Somit ist die Abtretung nicht gemäß § 125 S. 1 i.V.m. §§ 1154 Abs. 1 S. 1, 1117 formunwirksam und mangels anderweitiger Nichtigkeitsgründe damit auch insgesamt wirksam.

II. Des Weiteren müsste G **zur Abtretung der gesicherten Forderung** im Zeitpunkt der Abtretung **berechtigt** sein.

Zur Abtretung einer hypothekarisch gesicherten Forderung zum Zwecke des Übergang der Hypothek ist der verfügungsbefugte Forderungsinhaber bzw. der vom Forderungsinhaber gemäß § 185 Abs. 1 ermächtigte oder kraft Gesetzes verfügungsbefugte Nichtforderungsinhaber, der zugleich auch Hypothekengläubiger ist, berechtigt.[108]

1. Zunächst müsste G also im Zeitpunkt der Abtretung **verfügungsbefugter Forderungsinhaber oder verfügungbefugter Nichtforderungsinhaber** gewesen sein (§ 398).

Indem G mit S einen wirksamen Darlehensvertrag i.S.d. § 488 geschlossen und das Darlehen dann auch tatsächlich an S ausgezahlt (= valutiert) hat, hat G gegenüber S einen Darlehensrückzahlungsanspruch nach § 488 Abs. 1 S. 2 begründet. Der Anspruch von G gegenüber S aus § 488 Abs. 1 S. 2 ist also entstanden und damit ist G auch verfügungsbefugter Forderungsinhaber im Zeitpunkt der Abtretung gewesen.

Beachte:
Hier muss die **Inzidentprüfung** der gesicherten Forderung erfolgen (**„Anspruch entstanden")!**

2. Ferner müsste G zugleich auch **Hypothekengläubiger im Zeitpunkt der Abtretung** gewesen sein.

Hier könnte G von S die Hypothek gemäß **§§ 873 Abs. 1, 1113, 1115 ff. im Wege des Ersterwerbs** erlangt haben.

a) Eine entsprechende Einigung (§ 873 Abs. 1) mit dem Inhalt des § 1113 liegt zwischen S und G vor.

b) Die Hypothek wurde auch gemäß § 873 Abs. 1 eingetragen.

Beachte:
Wegen der Zusammengehörigkeit von Forderung und Hypothek ist auch die Hypothekengläubigerschaft zu prüfen, da ja eine **hypothekarisch gesicherte Forderung** abgetreten wird.

---

107 Palandt/Herrler § 1153 Rn. 2.

108 Vgl. Palandt/Grüneberg § 401 Rn. 1, 3; Baur/Stürner Sachenrecht § 38, Rn. 1; Habersack Ex-Rep Sachenrecht Rn. 382; Servatius JA 2006, 692, 694.

c) Darüber hinaus wurde dem G i.S.d. § 1117 Abs. 2 der Hypothekenbrief vom Grundbuchamt ausgehändigt.

d) Als akzessorisches Sicherungsmittel konnte die Hypothek außerdem erst dann entstehen, wenn auch die zu sichernde Forderung entstanden ist. Der Anspruch aus § 488 Abs. 1 S. 2 entsteht erst mit Auszahlung der Darlehensvaluta. Demnach kann auch die Hypothek bei G erst im Zeitpunkt der Auszahlung entstanden sein.

Hier wurde das Darlehen unmittelbar nach der Erteilung des Hypothekenbriefes valutiert, sodass in diesem Zeitpunkt der Rückzahlungsanspruch aus § 488 Abs. 1 S. 2 entstand. Bei der Abtretung der Forderung war somit auch die Forderung bereits entstanden.

e) S war als verfügungsbefugter Eigentümer auch zur Bestellung der Hypothek **berechtigt**.

G hat von S somit die Hypothek erworben. Die Hypothekengläubigerschaft hat er auch bis zur Abtretung nicht wieder verloren, sodass G demnach Hypothekengläubiger im Zeitpunkt der Abtretung gewesen ist.

Mithin ist G als Gläubiger des Rückzahlungsanspruchs und Hypothekengläubiger zur Abtretung der gesicherten Forderung (im Zeitpunkt der Abtretung) berechtigt.

Im **Ergebnis** hat H von G also durch die Abtretung des gesicherten Darlehensrückzahlungsanspruchs gemäß §§ 1153 Abs. 1, 1154, 398 die Hypothek am Grundstück des S von G im Wege des Zweiterwerbs wirksam erworben.

Mithin ist der Anspruch des H gegenüber S auf Duldung der Zwangsvollstreckung aus § 1147 entstanden.

B. Anspruch nicht untergegangen (= „Hypothek nicht untergegangen")

Beachte:
Hier muss wieder die **Inzidentprüfung** der gesicherten Forderung erfolgen (**„Anspruch untergegangen")!**

Geht die Hypothek auf den Eigentümer über, wandelt sie sich nach § 1177 Abs. 1 S. 1 automatisch in eine Eigentümergrundschuld um. Dem bisherigen Inhaber der Hypothek steht daher kein Anspruch aus § 1147 mehr zu. Dieser erlischt durch den Vorgang also.

Ferner dürfte der Anspruch des H gegenüber S auf Duldung der Zwangsvollstreckung aus § 1147 nicht untergegangen sein. Das ist nach § 1163 Abs. 1 S. 2 dann der Fall, wenn die zu sichernde Forderung erloschen ist und die Hypothek daher auf den Eigentümer übergegangen ist.

Hier könnte die Darlehensforderung gemäß § 362 Abs. 1 durch Erfüllung erloschen sein. Das setzt voraus, dass der Schuldner die Leistung an den richtigen Gläubiger bewirkt hat. Gläubiger war im Zeitpunkt der Zahlung H als Zessionar der Forderung (s.o.). An diesen hat S die Leistung jedoch nicht bewirkt.

Nach § 407 Abs. 1 Var. 1 hat die Zahlung gleichwohl auch gegenüber H Erfüllungswirkung, wenn S von der Abtretung keine Kenntnis hatte. Das ist hier der Fall; zum Zeitpunkt der Rückzahlung der 40.000 € an G wusste S nicht, dass dieser die Forderung bereits an H übertragen hatte. Die Forderung ist somit nach §§ 362 Abs. 1, 407 Abs. 1 Var. 1 durch Leistung an G erloschen.

Grundsätzlich ginge daher nach § 1163 Abs. 1 S. 2 die Hypothek auf S über. Nach § 1156 S. 1 ist die Wirkung des § 407 Abs. 1 Var. 1 jedoch auf dinglicher Ebene unbeachtlich. Das Erlöschen der schuldrechtlichen Forderung entfaltet somit ausnahmsweise auf dinglicher Ebene keine Wirkung. Dies hat zur Folge, dass §§ 1163 Abs. 1 S. 2, 1177 Abs. 1 keine Anwendung finden und der neue Gläubiger Inhaber des Grundpfandrechtes bleibt.[109]

Somit bleibt der neue Hypothekengläubiger H trotz Erfüllung des Darlehensrückzahlungsanspruchs durch S gegenüber G und des damit einhergehenden Untergangs dieses Anspruchs Inhaber der wirksam im Wege des Zweiterwerbs bestellten Hypothek.

Streitig ist dabei jedoch, ob es sich bei dem Grundpfandrecht um eine forderungsentkleidete Hypothek oder um eine Grundschuld handelt. Für den Anspruch aus § 1147 ist dies aber bedeutungslos.[110]

Folglich ist der Anspruch des H gegenüber S auf Duldung der Zwangsvollstreckung aus § 1147 nicht untergegangen.

C. Anspruch durchsetzbar (= „Hypothek durchsetzbar")

Zudem stehen der hypothekarischen Inanspruchnahme des S auch keine rechtshemmenden Einwendungen entgegen, sodass der Anspruch auf Duldung der Zwangsvollstreckung von H gegenüber S aus § 1147 nicht in seiner Durchsetzbarkeit gehemmt ist.

Somit hat H gegenüber S einen Anspruch auf Duldung der Zwangsvollstreckung aus § 1147.

109 Habersack Ex-Rep Sachenrecht Rn. 383.

110 Vgl. Petersen Jura 2016, 280, 282.

Fall 26: Ersterwerb einer Hypothek vom Nichtberechtigten

Inspiriert von der Fernsehsendung „Mein neues Leben – XXL" möchte S auswandern und sein Glück als Kaninchenzüchter in Kanada suchen. Um das Vorhaben finanzieren zu können, schließt er mit H einen Darlehensvertrag über 100.000 € ab. H zahlt die vereinbarte Summe an S aus und verlangt nach einer Sicherheit in Form einer Briefhypothek am Grundstück des S. In Wahrheit ist S aber gar nicht der Eigentümer des Grundstücks, sondern nur fälschlicherweise als solcher im Grundbuch eingetragen. Gleichwohl einigt sich S mit dem gutgläubigen H über die Belastung des Grundstücks mit einer Hypothek und beide vereinbaren, dass H sich den Hypothekenbrief direkt vom Grundbuchamt aushändigen lassen soll.
Kurz nachdem H den Antrag auf Eintragung der Hypothek beim Grundbuchamt eingereicht hat, erfährt er, dass E der wahre Eigentümer des Grundstücks ist. Gleichwohl lässt H sich den Hypothekenbrief vom Grundbuchamt aushändigen und die Hypothek wird eingetragen. Auf Betreiben des E wird dieser jedoch wenig später wieder als Eigentümer im Grundbuch eingetragen.
Als H beabsichtigt, die nunmehr fällige Darlehensschuld von S zurückzuverlangen, stellt sich heraus, dass S mittlerweile in Kanada untergetaucht und unauffindbar ist.

Kann H gegen den eingetragenen Eigentümer E aus der Hypothek vorgehen?

H könnte gegenüber E einen Anspruch auf Duldung der Zwangsvollstreckung aus § 1147 haben.

A. Anspruch entstanden (= „Hypothek entstanden")

Dazu müsste H zunächst Inhaber einer Hypothek, also Hypothekengläubiger, geworden sein.

In Betracht kommt hier ein Ersterwerb der Hypothek des H von S gemäß §§ 873 Abs. 1, 1113, 1115 ff.

I. Die dafür erforderliche **Einigung** über die Bestellung der Hypothek zwischen H und S gemäß § 873 Abs. 1 mit dem Inhalt des § 1113 ist erfolgt.

II. Ferner ist die Bestellung der Hypothek zugunsten des H gemäß § 873 Abs. 1 mit dem in § 1115 genannten Umfang im Grundbuch **eingetragen** worden.

III. Aufgrund des wirksam von H und S geschlossenen Darlehensvertrages besteht nach Auszahlung der Darlehensvaluta außerdem auch ein wirksamer Darlehensrückzahlungsanspruch des H gegenüber S aus § 488 Abs. 1 S. 2, der durch die Hypothek abgesichert ist.

Für die Briefübergabe und die Briefübergabesurrogate gelten gemäß § 1117 Abs. 1 S. 2 die §§ 929 S. 2, 930, 931.

IV. Ferner müsste H von S der Hypothekenbrief nach § 1117 Abs. 1 übergeben oder zwischen beiden eine wirksame Aushändigungsvereinbarung nach § 1117 Abs. 2 vereinbart worden sein.

Zwar hat hier keine direkte Briefübergabe von S an H gemäß § 1117 Abs. 1 S. 2 i.V.m. §§ 929 S. 2, 930 oder 931 stattgefunden. H und S haben vorliegend aber eine **Aushändigungsvereinbarung** i.S.v. § 1117 Abs. 2 geschlossen, indem sie vereinbart haben, dass H berechtigt sein soll, sich den Hypothekenbrief selbst vom Grundbuchamt aushändigen zu lassen. Diese **Aushändigungsvereinbarung** ist formfrei und kann einseitig nicht widerrufen werden; sie **führt unmittelbar zum Rechtserwerb**, sodass unerheblich ist, wann der Brief hergestellt und wem er übergeben wird.[111]

Mithin liegt eine wirksame Aushändigungsvereinbarung vor, die nach § 1117 Abs. 2 die Briefübergabe ersetzt.

V. Darüber hinaus müssten sich H und S im Zeitpunkt des Rechtserwerbs auch noch darüber **einig** gewesen sein, dass zugunsten des H eine Hypothek am Grundstück des S bestellt werden soll.

Mangels anderweitiger Anhaltspunkte (z.B. Widerruf o.Ä.) ist hier davon auszugehen, dass sich H und S auch noch im Zeitpunkt der Eintragung, der für den Rechtserwerb eines Rechts an einem Grundstück gemäß § 873 Abs. 1 grundsätzlich maßgeblich ist, in diesem Sinne einig waren.

VI. Ferner müsste S zur Hypothekenbestellung (Ersterwerb) nach §§ 873 Abs. 1, 1113 **berechtigt** gewesen sein.
Zur Belastung des Grundstücks mit einem beschränkt dinglichen Recht ist nur der verfügungsbefugte Eigentümer oder der verfügungsbefugte Nichteigentümer berechtigt.[112]
S war jedoch weder verfügungsbefugter Eigentümer noch verfügungsbefugter Nichteigentümer des Grundstücks und damit zur Belastung des Grundstücks mit einer Hypothek nicht berechtigt.

VII. Mangels Berechtigung des S könnte H daher die Hypothek allenfalls **gutgläubig vom Nichtberechtigten S nach § 892** erworben haben.

1. Das hierfür erforderliche **Rechtsgeschäft im Sinne eines Verkehrsgeschäftes** liegt zwischen H und S vor.

2. Ferner ist S fälschlicherweise als Eigentümer im Grundbuch eingetragen, sodass das **Grundbuch** auch i.S.d. § 892 **unrichtig** ist.

3. Darüber hinaus ist erforderlich, dass sich aufgrund der formellen Grundbuchlage eine Verfügungsbefugnis des S über die Hypothek (als Recht an einem Grundstück) ergibt.
Die **Legitimation** des S zur Verfügung über die Hypothek ergab sich gerade aufgrund seiner Eintragung als Eigentümer und damit direkt aus dem Grundbuch.
Mithin legitimiert sich der verfügende S aufgrund der formellen Grundbuchlage zur Verfügung über die Hypothek.

4. Ferner müsste der Erwerber der Hypothek H gutgläubig gewesen sein.

Die Gutgläubigkeit des Erwerbers wird gemäß § 892 Abs. 1 vermutet („es sei denn") und ist gemäß § 892 Abs. 1 S. 1 nur ausgeschlossen, wenn ihm

---

111 Palandt/Herrler § 1117 Rn. 3.
112 Palandt/Herrler § 873 Rn. 11; Habersack Ex-Rep Sachenrecht Rn. 286 ff., 361 ff.

die Unrichtigkeit des Grundbuchs bekannt ist. Dabei bezieht sich der Gutglaubensschutz gemäß § 892 Abs. 1 S. 1 auf eingetragene Rechte und gemäß § 892 Abs. 1 S. 2 auf nicht eingetragene und gelöschte relative Verfügungsbeschränkungen.

Im Zeitpunkt der Eintragung wusste H, dass E der wahre Eigentümer und das Grundbuch somit unrichtig ist. Als er den Eintragungsantrag beim Grundbuchamt stellte, war das hingegen noch nicht der Fall. Entscheidend ist somit, auf welchen Zeitpunkt es hier ankommt.

Beachten Sie die Parallele von § 892 Abs. 2 Hs. 1 und § 878: Bei beiden wird der Wortlaut einschränkend dahin ausgelegt, dass nur noch die Eintragung für den Rechtserwerb erforderlich sein darf (*vgl. Fall 14*). Denn nur dieser Zeitpunkt ist für die Parteien zufällig.

Grundsätzlich muss die Gutgläubigkeit bis zum endgültigen Rechtserwerb (d.h. hier insbesondere bis zur Eintragung) vorliegen. Nach § 892 Abs. 2 Hs. 1 ist jedoch auf den Zeitpunkt der Stellung des Eintragungsantrags abzustellen, wenn zu dem Rechtserwerb noch die Eintragung erforderlich ist. Dem Wortlaut nach könnte dies immer gelten, wenn zum Rechtserwerb in Zukunft noch eine Eintragung erforderlich ist. Die Vorschrift ist jedoch ihrem Zweck entsprechend eng auszulegen. § 892 Abs. 2 will den Erwerber immer dann schützen, wenn bereits alle Voraussetzungen für den Rechtserwerb erfüllt sind und es nur noch an der Eintragung (deren Zeitpunkt er nicht beeinflussen kann) im Grundbuch fehlt. § 892 Abs. 2 Hs. 1 ist daher dahingehend auszulegen, dass auf den Zeitpunkt des Eintragungsantrags nur abzustellen ist, wenn zu dem Rechtserwerb **nur noch** die Eintragung erforderlich ist. Demnach kann die Vorschrift z.B. dann nicht greifen, wenn neben der Eintragung auch noch die Übergabe des Hypothekenbriefs erforderlich ist.[113] In diesem Fall hängt der Rechtserwerb nicht nur vom Grundbuchamt ab.

Für den Erwerb einer Briefhypothek ist gemäß § 1117 Abs. 1 grundsätzlich auch die Briefübergabe erforderlich, sodass es also in der Regel gerade eines weiteren Aktes nach der Eintragung bedarf. Die Übergabe wurde jedoch gemäß § 1117 Abs. 2 durch die Aushändigungsvereinbarung ersetzt. Der Erwerb der Hypothek findet in diesem Falle nicht erst bei der Aushändigung des Briefes durch das Grundbuchamt statt. Entstehungsvoraussetzung ist vielmehr allein die Aushändigungsvereinbarung an sich (s.o.). Demnach war nach dieser Vereinbarung auch keine weitere Voraussetzung als die Eintragung mehr für den Rechtserwerb erforderlich. Insbesondere kam es nicht mehr auf die Aushändigung an.

Es waren somit alle Voraussetzungen für den Rechtserwerb bis auf die Eintragung erfüllt. § 892 Abs. 2 Hs. 1 findet daher Anwendung. Maßgeblich ist dementsprechend der Zeitpunkt der Antragstellung. Zu diesem ging H noch von der Eigentümerstellung des S aus (s.o.).

Mithin war H die Unrichtigkeit des Grundbuchs zum maßgeblichen Zeitpunkt nicht bekannt, sodass er gutgläubig i.S.v. § 892 war.

5. Des Weiteren ist auch **kein Widerspruch** gegen die Richtigkeit des Grundbuchs nach § 899 in das Grundbuch eingetragen worden.

113 MünchKomm/Kohler § 892 Rn. 55.

Somit erwirbt H im **Ergebnis** die Hypothek im Wege des Ersterwerbs gutgläubig vom Nichtberechtigten S gemäß § 892, sodass er Hypothekengläubiger geworden ist.

Folglich ist der Anspruch auf Duldung der Zwangsvollstreckung von H gegenüber E aus § 1147 entstanden.

B. Anspruch nicht untergegangen (= „Hypothek nicht untergegangen")

Mangels Untergangs der zu sichernden Forderung und mangels Eingreifens von rechtsvernichtenden Einwendungen, die sich direkt gegen die hypothekarische Inanspruchnahme richten, ist der Anspruch auf Duldung der Zwangsvollstreckung von H gegenüber E aus § 1147 auch nicht untergegangen.

C. Anspruch durchsetzbar (= „Hypothek durchsetzbar")

Ferner liegen weder gegen die zu sichernde Forderung noch direkt gegen die hypothekarische Inanspruchnahme rechtshemmende Einwendungen vor, sodass der Anspruch auf Duldung der Zwangsvollstreckung von H gegenüber E aus § 1147 auch durchsetzbar ist.

Somit hat H gegenüber E einen Anspruch auf Duldung der Zwangsvollstreckung aus § 1147.

Fall 27: Zweiterwerb einer Hypothek vom Nichtberechtigten

Erfinder E hat wieder einmal eine zündende Idee und plant die Entwicklung eines aufblasbaren Weizenbierglases für die Jackentasche. Da die geschätzten Investitionskosten sein Budget um ein Vielfaches übersteigen, schließt er mit der Sparkasse S einen Darlehensvertrag über 200.000 €, um über ausreichende Barmittel zu verfügen. Zur Absicherung des Rückzahlungsanspruchs einigen sich S und E über die Bestellung einer Briefhypothek am Grundstück des E. Die Belastung des Grundstücks mit einer Hypothek wird im Grundbuch eingetragen und der Hypothekenbrief an S übergeben. Aufgrund begründeten Inhaltsirrtums ficht S unmittelbar nach Auszahlung des vollständigen Darlehensbetrags an E die von ihr im Rahmen des Darlehensvertragsschlusses abgegebene Willenserklärung an. Dennoch einigt sie sich wenige Tage später mit dem stets gutgläubigen G schriftlich darüber, dass von nun an G der Rückzahlungsanspruch zustehen soll, und übergibt diesem auch den Hypothekenbrief.
Von G auf Rückzahlung der nach dem Darlehensvertrag fälligen Darlehenssumme i.H.v. 200.000 € in Anspruch genommen, wundert sich E doch sehr. Seiner Ansicht nach bestehen wegen der Anfechtung der S keinerlei Ansprüche.

Stehen G Ansprüche gegen E zu?

A. Vertragliche Ansprüche des G gegen E

G könnte gegen E einen Anspruch auf Rückzahlung der Darlehenssumme i.H.v. 200.000 € aus abgetretenem Recht gemäß §§ 488 Abs. 1 S. 2, 398 haben.

Dazu müsste zunächst eine wirksame Abtretung des Rückzahlungsanspruchs von S an G gemäß § 398 vorliegen.

I. S und G müssten sich hierzu gemäß **§ 398** über die Abtretung des Rückzahlungsanspruchs **geeinigt** haben. S und G haben hier vereinbart, dass die Darlehensforderung nun nicht mehr S, sondern fortan G zustehen soll. Mithin haben sie sich gemäß § 398 über die Abtretung der Darlehensforderung, also des Rückzahlungsanspruchs aus § 488 Abs. 1 S. 2, geeinigt.

II. Diese Einigung müsste auch wirksam sein.
Die Abtretung der hypothekarisch gesicherten Forderung ist gemäß § 125 S. 1 i.V.m. §§ 1154 Abs. 1 S. 1, 1117 formunwirksam, wenn die Abtretungserklärung nicht in schriftlicher Form erteilt wird und/oder der Hypothekenbrief nicht übergeben wird. Indem die Abtretung des Darlehensrückzahlungsanspruchs von S an G schriftlich erfolgte und S auch den Hypothekenbrief gemäß §§ 1117 Abs. 1 S. 2, 929 S. 1 an G aushändigte, wurden diese Anforderungen hier eingehalten.
Somit ist die Abtretung nicht gemäß § 125 S. 1 i.V.m. §§ 1154 Abs. 1 S. 1, 1117 formunwirksam und mangels Eingreifens anderweitiger Nichtigkeitsgründe folglich insgesamt wirksam.

III. S müsste ferner zur Abtretung des Rückzahlungsanspruchs **berechtigt** gewesen sein. Zur Abtretung einer Forderung ist nur der verfügungsbefugte Forderungsinhaber oder der verfügungsbefugte Nichtforderungsinhaber berechtigt, der vom wahren Forderungsinhaber zur Verfügung gemäß § 185 Abs. 1 ermächtigt ist oder aber gesetzlich verfügungsbefugt ist.[114] Fraglich ist hier bereits, ob die gegenständliche Forderung überhaupt bestand. Denn sofern dies nicht der Fall ist, kann es notwendigerweise auch weder einen verfügungsbefugten Forderungsinhaber noch einen verfügungsbefugten Nichtforderungsinhaber geben.

Aufgrund begründeten Inhaltsirrtums (§ 119 Abs. 1 Var. 1) und der deshalb erfolgten Anfechtung (§ 143) ist die von S im Rahmen des Vertragsabschlusses mit E abgegebene Willenserklärung gemäß § 142 Abs. 1 ex tunc – also von Anfang an – nichtig. Somit haben S und E keinen wirksamen Darlehensvertrag geschlossen, sodass S trotz vollständiger Ausbezahlung der Darlehenssumme nicht Forderungsinhaberin eines Darlehensrückzahlungsanspruchs aus § 488 Abs. 1 S. 2 geworden ist.

Mithin besteht schon keine Darlehensforderung und damit ist S auch nicht zur Abtretung eines Rückzahlungsanspruchs aus § 488 Abs. 1 S. 2 berechtigt.

Mangels Berechtigung der S und folglich mangels wirksamer Abtretung des Rückzahlungsanspruchs von S an G ist ein Anspruch des G gegenüber E auf Rückzahlung der Darlehenssumme aus §§ 488 Abs. 1 S. 2, 398 im **Ergebnis** nicht entstanden.
Mithin hat G gegenüber E keinen Anspruch auf Rückzahlung der Darlehenssumme i.H.v. 200.000 € aus abgetretenem Recht gemäß §§ 488 Abs. 1 S. 2, 398.

Beachte:
Es gibt grundsätzlich keinen gutgläubigen Forderungserwerb (Ausnahme: § 405).

B. Dingliche Ansprüche des G gegen E

G könnte gegen E jedoch einen Anspruch auf Duldung der Zwangsvollstreckung in sein Grundstück aus § 1147 haben.

Dazu müsste G zunächst Inhaber einer Hypothek, also Hypothekengläubiger, geworden sein.
G könnte die Hypothek im Wege des Zweiterwerbs von S gemäß §§ 1153 Abs. 1, 1154, 398 erworben haben, indem S durch Abtretung der gesicherten Darlehensforderung die Hypothek auf G übertragen hat.

I. Dazu müssten sich S und G über die Abtretung der Darlehensforderung zunächst gemäß § 398 **geeinigt** haben.
S und G haben hier vereinbart, dass die Darlehensforderung nicht mehr S, sondern G zustehen soll und haben sich daher gemäß § 398 über die Abtretung der hypothekarisch gesicherten Forderung aus § 488 Abs. 1 S. 2 geeinigt (s.o. unter A. I.).

Ferner ist diese Einigung auch weder wegen Verstoßes gegen Formvorschriften (§ 125 S. 1 i.V.m. §§ 1154, 1117) noch aus anderen Gründen nichtig und somit insgesamt wirksam (s.o. unter A. II.).

---

114 Staudinger/Busche Einl. §§ 398 ff. Rn. 17; Coester-Waltjen Jura 2003, 23 ff.; Schreiber Jura 2007, 266 ff.

II. Des Weiteren müsste S zur Abtretung der gesicherten Forderung **im Zeitpunkt der Abtretung berechtigt** gewesen sein.

Zur Abtretung einer hypothekarisch gesicherten Forderung zum Zwecke des Zweiterwerbs der Hypothek ist der verfügungsbefugte Forderungsinhaber bzw. der vom Forderungsinhaber gemäß § 185 Abs. 1 ermächtigte oder kraft Gesetzes verfügungsbefugte Nichtforderungsinhaber, der zugleich auch Hypothekengläubiger ist, berechtigt.

Wie bereits festgestellt (s.o. unter A. III.), ist S jedoch nicht Inhaberin der hypothekarisch gesicherten Forderung. Denn infolge der Anfechtung ihrer auf Abschluss des Darlehensvertrags gerichtetem Willenserklärung durch S ist der Vertrag gemäß § 142 Abs. 1 ex tunc nichtig, sodass im Zeitpunkt der Abtretung an G überhaupt keine Forderung bestand.

Somit war S auch nicht zur Abtretung der hypothekarisch gesicherten Darlehensforderung berechtigt.

Nach § 1138 wird **zum Zwecke des Hypothekenerwerbs** die **Forderung** bei Vorliegen des § 892 **fingiert** („in Ansehung der Forderung"), da ein gutgläubiger Forderungserwerb grundsätzlich nicht möglich ist, ein gutgläubiger Hypothekenerwerb gleichwohl möglich sein soll.
Das dingliche Recht ist also stärker!

III. Mangels Berechtigung der S wegen fehlender Forderungsinhaberschaft **(Mangel in der Forderung)** könnte G daher die Hypothek nur **gutgläubig** von der Nichtberechtigten S nach §§ 1138, 892 erworben haben. Das bedeutet, dass dann die fehlende Forderungsberechtigung der S gemäß § 1138 überwunden und für den Übergang der Hypothek nach § 1153 fingiert würde, wenn die Voraussetzungen des § 892 in Ansehung der Forderung vorliegen.

1. Das hierfür nach §§ 1138, 892 erforderliche **Rechtsgeschäft im Sinne eines Verkehrsgeschäftes** liegt zwischen G und S vor.

2. Ferner ist S fälschlicherweise als Hypothekeninhaberin im Grundbuch eingetragen, sodass das **Grundbuch in Ansehung der Forderung** gemäß §§ 1138, 892 **unrichtig** ist.

3. Des Weiteren ergab sich die nach §§ 1138, 892 erforderliche Berechtigung der S zur Verfügung über die Hypothek aufgrund ihrer Eintragung als Hypothekengläubigerin auch direkt aus dem Grundbuch.

4. Zudem war „der stets gutgläubige" G auch bzgl. des Bestehens der Forderung und damit „in Ansehung" der Forderung nach §§ 1138, 892 in gutem Glauben.

5. Gegen die Richtigkeit des Grundbuchs ist auch kein Widerspruch nach §§ 1138, 899 eingetragen worden. Somit liegen die Voraussetzungen der §§ 1138, 892 vor, sodass die Darlehensforderung gemäß § 1138 fingiert wird, um die Hypothek gemäß § 1153 übergehen zu lassen. Das bedeutet, dass der **Mangel in der Forderung überwunden** wird.

6. Damit nun die Hypothek kraft Gesetzes nach § 1153 übergehen kann, müsste S aber auch (abgesehen von der fehlenden Forderungsinhaberschaft) Hypothekengläubigerin im Zeitpunkt der Abtretung gewesen sein.

E und S einigten sich i.S.d. §§ 873 Abs. 1, 1113, 1115 auf die Bestellung einer Hypothek am Grundstück des E. Diese wurde auch eingetragen und es kam zur Briefübergabe i.S.d. § 1117 Abs. 1. Daher liegen – abgesehen vom Bestehen der zu sichernden Forderung – keine weiteren Unwirksamkeitsgründe vor, die über Gutglaubensvorschriften behoben werden müssten.

Demnach hat G die Hypothek gutgläubig von der Nichtberechtigten S im Wege des Zweiterwerbs nach §§ 398, 1154, 1153, 1138, 892 erworben und ist Hypothekengläubiger geworden, sodass der Anspruch auf Duldung der Zwangsvollstreckung von G gegenüber E aus § 1147 entstanden ist.

IV. Mangels Untergangs der zu sichernden Forderung und mangels Eingreifens von rechtsvernichtenden Einwendungen, die sich unmittelbar gegen die hypothekarische Inanspruchnahme richten, ist der **Anspruch** des G auf Duldung der Zwangsvollstreckung auch **nicht untergegangen**.

V. Ferner liegen weder gegen die zu sichernde Forderung noch direkt gegen die hypothekarische Inanspruchnahme rechtshemmende Einwendungen vor, sodass der Anspruch auf Duldung der Zwangsvollstreckung von G gegenüber E aus § 1147 auch nicht in seiner **Durchsetzbarkeit** gehemmt ist.

Somit hat G gegenüber E einen Anspruch auf Duldung der Zwangsvollstreckung aus § 1147.

Anmerkung:

*Beim **Mangel im dinglichen Recht** (z.B. Anfechtung der Hypothekenbestellung) bedarf es für den gutgläubigen Zweiterwerb der Hypothek nur des § 892 (ggf. auch des § 1155) bzgl. der Hypothek.*

*Beim **Doppelmangel** (z.B. Anfechtung der Forderung und der Hypothekenbestellung) bedarf es für den gutgläubigen Zweiterwerb der Hypothek der §§ 1138, 892 in Ansehung der Forderung und des § 892 (ggf. auch des § 1155) bzgl. der Hypothek. Ist die Hypothek nur deswegen nicht entstanden, weil die zu sichernde Forderung nicht bestand (wie hier), genügen die §§ 1138, 892 in Ansehung der Forderung (s.o.).*

Fall 28: Schuldnerbestimmte Einrede des Eigentümers gegen die hypothekarische Inanspruchnahme aus § 1137

Nach diversen Streitigkeiten schließen G und S zur Streitbeilegung einen außergerichtlichen Vergleich. Darin vereinbaren sie, dass S zur Abgeltung aller gegenseitigen Forderungen einen Betrag von 100.000 € an G zahlen soll. Zur Absicherung der Forderung des G wird in der Folgezeit am Grundstück des X, der S noch einen Gefallen schuldet, zugunsten des G eine Buchhypothek bestellt und auch im Grundbuch eingetragen. Genervt von den ständigen Auseinandersetzungen gönnt G sich eine Weltreise, um auszuspannen und seinen inneren Frieden mit S zu schließen. Nach seiner Rückkehr hat G Kummer und Sorgen vergessen und denkt zunächst nicht an den Vergleich, den er mit S geschlossen hat. Als ihm etliche Jahre später der Vergleich beim Aufräumen wieder in die Hände fällt, macht er umgehend gegenüber S seine Ansprüche aus dem Vergleich und gegenüber X seine Ansprüche aus der Hypothek geltend. Müde lächelnd erwidern S und X, dass sie keinen Cent bezahlen werden, da die Vergleichsforderung mittlerweile verjährt ist.

Wie ist die Rechtslage?

A. Ansprüche des G gegen S (aus dem Vergleich)

G könnte gegen S einen Anspruch auf Zahlung i.H.v. 100.000 € aus dem Vergleich nach § 779 Abs. 1 haben.

I. Mit Abschluss eines wirksamen Vergleichs i.S.d. § 779 Abs. 1, durch den die zwischen G und S bestehenden Rechtsstreitigkeiten im Wege gegenseitigen Nachgebens beseitigt wurden, ist der Anspruch des Gläubigers G gegenüber dem Schuldner S zur Entstehung gelangt.

II. Mangels Eingreifens von rechtsvernichtenden Einwendungen zugunsten des S ist der Anspruch auch nicht untergegangen.

III. Jedoch ist die Vergleichsforderung und damit der Anspruch des G aus dem Vergleich nach § 779 Abs. 1 nicht durchsetzbar, da der persönliche Schuldner S wirksam gemäß § 214 Abs. 1 die Einrede der Verjährung erhoben hat und damit die Zahlung der 100.000 € dauerhaft verweigern kann.

Somit hat G gegenüber S keinen Anspruch auf Zahlung i.H.v. 100.000 € aus dem Vergleich nach § 779 Abs. 1.

B. Ansprüche des G gegen X (aus der Hypothek)

G könnte jedoch gegenüber X einen Anspruch auf Duldung der Zwangsvollstreckung gemäß § 1147 haben.

I. Indem G im Wege des Ersterwerbs gemäß §§ 873 Abs. 1, 1113, 1115 ff. Inhaber einer Hypothek am Grundstück des X, also Hypothekengläubiger geworden ist, ist sein **Anspruch** gegenüber X auf Duldung der Zwangsvollstreckung **aus § 1147 entstanden**.

II. Mangels Untergangs der zu sichernden Forderung und mangels Eingreifen von rechtsvernichtenden Einwendungen, die sich direkt gegen die hypothekarische Inanspruchnahme richten, ist der **Anspruch** auf Duldung der Zwangsvollstreckung von G gegenüber X aus § 1147 **auch nicht untergegangen**.

III. Ferner müsste der **Anspruch** auf Duldung der Zwangsvollstreckung aus § 1147 auch **durchsetzbar** sein.

Das ist dann nicht der Fall, wenn dem Anspruchsgegner X ein Leistungsverweigerungsrecht zusteht, kraft dessen er die Duldung der Zwangsvollstreckung dauerhaft oder jedenfalls vorübergehend verweigern kann.

1. In Betracht kommt zunächst eine **eigentümerbezogene Einrede** des X i.S.d. § 1157.

Aus § 1157 S. 1 folgt, dass es Einreden des Eigentümers gegenüber dem Hypothekengläubiger gibt, die ihm (= dem Eigentümer) aufgrund eines zwischen ihm und dem Gläubiger bestehenden Rechtsverhältnisses zustehen. Die Hypothek wird als streng akzessorisches Sicherungsmittel dem Sicherungsnehmer vom Sicherungsgeber zur Absicherung einer Forderung hingegeben. Daher liegt der Belastung eines Grundstücks mit einer Hypothek auch immer – ausdrücklich oder konkludent – eine Sicherungsabrede zugrunde, im Rahmen derer z.B. der Gläubiger dem Eigentümer zusagen kann, die Hypothek während einer gewissen Zeit nicht geltend zu machen (Stundungseinrede, vgl. § 205) oder erst Befriedigung aus der persönlichen Forderung, dann erst aus der Hypothek zu suchen, etc.[115] Eigentümerbezogene Einreden i.S.d. § 1157 müssen also immer direkt im Rahmen des der Hypothekenbestellung zugrunde liegenden Rechtsverhältnisses, also im Rahmen der Sicherungsabrede, vereinbart werden.

Dies ist vorliegend jedoch nicht geschehen. G und X haben bei der Hypothekenbestellung keinerlei Vereinbarung hinsichtlich etwaiger Leistungsverweigerungsrechte des X getroffen.

Mithin steht X keine eigentümerbezogene Einrede i.S.d. § 1157 zu.

2. Jedoch könnte X eine **schuldnerbestimmte Einrede** i.S.d. § 1137 zustehen.

Schuldnerbestimmte Einreden können den Bestand oder den Fortbestand des dinglichen Rechts in der Person des Gläubigers betreffen. So kann der Eigentümer nach § 1137 Abs. 1 S. 1 Var. 1 gegen die hypothekarische Inanspruchnahme die dem persönlichen Schuldner gegen die Forderung zustehenden Einreden geltend machen.

Dem persönlichen Schuldner S steht hier gegen die Vergleichsforderung des G die Einrede der Verjährung aus § 214 Abs. 1 zu. Diese Einrede kann X als Eigentümer gemäß § 1137 Abs. 1 S. 1 Var. 1 also grundsätzlich auch der Inanspruchnahme aus der Hypothek entgegenhalten. Jedoch bestimmt **§ 216 Abs. 1**, dass die Verjährung eines Anspruchs, für den eine Hypothek besteht, den Gläubiger nicht hindert, seine Befriedigung aus dem belasteten Gegenstand, also dem Grundstück, zu suchen. Damit kann sich X wegen § 216 Abs. 1 ausnahmsweise nicht auf die dem S zustehende Einrede der Verjährung aus § 214 Abs. 1 gegenüber G berufen.

---

115 Baur/Stürner Sachenrecht § 38, Rn. 67; Habersack Ex-Rep Sachenrecht Rn. 374.

Mithin steht X auch keine schuldnerbestimmte Einrede i.S.d. § 1137 zur Seite, sodass der Anspruch auf Duldung der Zwangsvollstreckung aus § 1147 durchsetzbar ist.

Somit hat G gegenüber X einen Anspruch auf Duldung der Zwangsvollstreckung aus § 1147.

2. Abschnitt: Die Grundschuld

Fall 29: Ersterwerb einer Briefgrundschuld vom Berechtigten

E ist Eigentümer eines ländlich gelegenen Grundstücks, das mit einer Scheune bebaut ist. Da nach Änderungen der Bauleitplanung auf dem Grundstück nunmehr auch Wohnbebauung zulässig ist, lässt E zum Zwecke des Umbaus der Scheune in ein schmuckes Bauernhaus die Handwerker kommen. Nach umfangreichen Sanierungsmaßnahmen vereinbart E mit dem Handwerker H, dass nicht zuletzt wegen einer Werklohnforderung des H das Grundstück des E zugunsten des H mit einer Grundschuld belastet werden soll. Diese Belastung wird im Grundbuch eingetragen. Ob E den über die Grundschuld erstellten Grundschuldbrief auch an H ausgehändigt hat, ist zwischen den Parteien streitig. Fest steht nur, dass unter nicht näher geklärten Umständen der H in den Besitz des Grundschuldbriefes gelangt ist.

Kann E von H den Grundschuldbrief herausverlangen?

E könnte gegenüber H einen Anspruch auf Herausgabe des Grundschuldbriefes aus §§ 985, (986) haben.

Dazu müsste E gemäß § 985 zunächst **Eigentümer** des herausverlangten Grundschuldbriefes sein.

Nach § 952 Abs. 2 i.V.m. Abs. 1 steht das Eigentum an einem Grundschuldbrief dem Grundschuldgläubiger zu. Das bedeutet, dass E nur dann Eigentümer des Grundschuldbriefes geworden ist, wenn er auch Inhaber der Grundschuld (sog. **Eigentümergrundschuld, § 1196**) ist.

Merke:
Das Recht am Papier folgt dem Recht aus dem Papier, § 952!

Eine Eigentümergrundschuld liegt jedoch dann nicht vor, wenn ein anderer als der E Inhaber der Grundschuld geworden ist. Hier könnte H gemäß §§ 873 Abs. 1, 1191, 1192 Abs. 1, 1115 ff. die Grundschuld im Wege des Ersterwerbs von E erlangt haben.

I. Dann müssten sich E und H gemäß §§ 873 Abs. 1, 1191 zunächst darüber **geeinigt** haben, dass das Grundstück des E in der Weise belastet wird, dass zugunsten des H eine bestimmte Geldsumme aus dem Grundstück zu zahlen ist.

E und H haben die Belastung des Grundstücks des E mit einer Grundschuld vereinbart und sich damit gemäß § 873 Abs. 1 mit dem Inhalt des § 1191 geeinigt. Mangels entgegenstehender Nichtigkeitsgründe ist die Einigung auch wirksam.

II. Des Weiteren müsste die Bestellung der Grundschuld zulasten des E und zugunsten des H gemäß § 873 Abs. 1 mit dem in §§ 1192 Abs. 1, 1115 genannten Umfang im Grundbuch **eingetragen** worden sein. Dies ist hier der Fall.

III. Ferner müsste der Grundschuldbrief gemäß §§ 1192 Abs. 1, 1117 dem H übergeben worden sein.
Zwischen den Parteien ist streitig, ob der Grundschuldbrief wirklich i.S.d. §§ 1192 Abs. 1, 1117 Abs. 1 S. 2 i.V.m. §§ 929 S. 2, 930 oder 931 dem H

Für die Briefübergabe und die Briefübergabesurrogate gelten gemäß §§ 1192 Abs. 1, 1117 Abs. 1 S. 2 die §§ 929 S. 2, 930, 931.

übergeben worden ist. Nach §§ 1192 Abs. 1, 1117 Abs. 3 wird jedoch zugunsten des Grundschuldgläubigers vermutet, dass die Übergabe erfolgt ist, wenn er im Besitz des Briefes ist. Hier ist H im Besitz des Grundschuldbriefes, sodass die Vermutung aus §§ 1192 Abs. 1, 1117 Abs. 3 eingreift. Da E den ihm somit obliegenden Beweis hinsichtlich der fehlenden Übergabe hier nicht angetreten hat, muss also von deren Vorliegen ausgegangen werden.

IV. E und H müssten sich außerdem gemäß § 873 Abs. 1 im Zeitpunkt der Eintragung der Grundschuld auch noch **einig** über die Belastung des Grundstücks mit derselben gewesen sein. Bis dahin ist die Einigung frei widerruflich, es sei denn die Bindungswirkung nach § 873 Abs. 2 ist bereits ausgelöst worden
Hier waren sich E und H im Zeitpunkt der Eintragung der Grundschuld über deren Bestellung gemäß § 873 Abs. 1 einig; ein Widerruf ist nicht erfolgt.

V. Abschließend müsste E zur Grundschuldbestellung im Wege des Ersterwerbs nach §§ 873 Abs. 1, 1191 auch **berechtigt** gewesen sein.

Zur Belastung des Grundstücks mit einem beschränkt dinglichen Recht ist nur der verfügungsbefugte Eigentümer oder der verfügungsbefugte Nichteigentümer berechtigt.[116]

E ist verfügungsbefugter Eigentümer seines Grundstücks und damit auch zur Grundschuldbestellung berechtigt.

Die **Grundschuld** ist (im Unterschied zur Hypothek) **nicht akzessorisch** und vom Bestand einer Forderung unabhängig.
Man kann auf der Grundlage eines schuldrechtlichen Sicherungsvertrages aber auch eine Grundschuld zur Sicherung einer Forderung bestellen **(Sicherungsgrundschuld, § 1192 Abs. 1 a)**.

Im **Ergebnis** hat H von E somit gemäß §§ 873 Abs. 1, 1191, 1192 Abs. 1, 1115 ff. im Wege des Ersterwerbs eine Grundschuld erworben und ist damit Grundschuldgläubiger geworden.

Folglich ist E nicht Inhaber einer Eigentümergrundschuld und mithin auch nicht gemäß § 952 Eigentümer des von ihm herausverlangten Grundschuldbriefes.

E hat gegenüber H demzufolge keinen Anspruch auf Herausgabe des Grundschuldbriefes aus §§ 985, (986).

116 Palandt/Herrler § 873 Rn. 11; Habersack Ex-Rep Sachenrecht Rn. 286 ff., 361 ff.

Fall 30: Zweiterwerb einer Buchgrundschuld vom Berechtigten

Die Volksbank V finanziert den Neubau der Familie F mit einem Kredit i.H.v. 230.000 € und lässt sich zu dessen Absicherung eine Grundschuld in vorgenannter Höhe am Grundstück der F einräumen. Die Erteilung eines Grundschuldbriefes hat man wirksam ausgeschlossen.
Da sich V im Laufe des aktuellen Geschäftsjahres einigen Liquiditätsengpässen gegenübersieht, überträgt sie die Grundschuld gegen Zahlung eines Betrages von 200.000 € auf die Bodenkreditbank B, um sich unbeschwert ihren Aufgaben widmen zu können. Die Übertragung der Grundschuld wird auch im Grundbuch vermerkt.
Da F sich nach dem Ablauf der Zinsbindung aus dem Darlehensvertrag mit V nicht in der Lage sieht, den Kredit weiter zu bedienen, stellt V die Restschuld aus dem Kredit in Höhe von 200.000 € fällig. Zur gleichen Zeit meldet sich B bei F und verlangt die Duldung der Zwangsvollstreckung. Da F bislang nichts von der Übertragung der Grundschuld wusste und zudem der Ansicht ist, dass sie der Übertragung wenigstens hätte zustimmen müssen, ist sie auch nicht bereit, die Zwangsvollstreckung zu dulden.

Zu Recht?

B könnte gegenüber der F einen Anspruch auf Duldung der Zwangsvollstreckung in das Grundstück der F aus §§ 1192 Abs. 1, 1147 haben.

Die Duldung der Zwangsvollstreckung kann B nach §§ 1192 Abs. 1, 1147 nur verlangen, wenn sie am Grundstück der F eine Grundschuld erworben hat, diese nicht wieder erloschen ist und der Inanspruchnahme aus der Grundschuld auch keine Einreden entgegenstehen.

A. Anspruch entstanden (= „Grundschuld entstanden")

Zunächst müsste B also eine Grundschuld erworben haben und damit Grundschuldgläubigerin geworden sein.

In Betracht kommt hier ein **Zweiterwerb der Grundschuld** der B durch Abtretung der Grundschuld von V nach §§ 1192 Abs. 1, 1154 ff., 873 Abs. 1 Var. 3.

I. Dann müssten sich B und V gemäß §§ 1192 Abs. 1, 1154 ff. zunächst wirksam darüber **geeinigt** haben, dass die Grundschuld von V an B abgetreten wird.

Der **Zweiterwerb** der **Grundschuld** vollzieht sich **durch Abtretung (der Grundschuld)** nach §§ 1192 Abs. 1, 1154 ff. (= Verfügungsgeschäft). § 1153 Abs. 1 gilt wegen der dort vorausgesetzten Akzessorietät nicht.

1. Um sich unbeschwert ihren Aufgaben widmen zu können und den eigenen Liquiditätsengpässen entgegenzuwirken, hat V die Grundschuld auf die Bodenkreditbank B übertragen. Damit haben sich V und B darüber geeinigt, dass die Grundschuld von nun an der B zustehen soll.

Mithin haben sich B und V über die Abtretung der Grundschuld geeinigt.

2. Ferner müsste diese Einigung auch wirksam sein.

Die Abtretung einer Buchgrundschuld wäre jedoch gemäß § 125 S. 1 i.V.m. §§ 1192 Abs. 1, 1154 Abs. 3, 873 Abs. 1 formunwirksam, wenn die Abtre-

Merke:
Eine Grundschuld muss nach § 1192 Abs. 1 in der Form des § 1154 abgetreten werden.

tung der Buchgrundschuld nicht in das Grundbuch eingetragen worden ist.

Die Übertragung der Grundschuld und damit die Abtretung ist hier im Grundbuch eingetragen, sodass die Formvorschriften der §§ 1192, 1154 Abs. 3, 873 Abs. 1 gewahrt worden sind. Mangels anderweitiger Nichtigkeitsgründe ist damit die Einigung auch insgesamt wirksam.

II. Des Weiteren müsste V zur Abtretung der Grundschuld nach §§ 1192 Abs. 1, 1154 ff. **berechtigt** sein.

Zur Abtretung einer Grundschuld ist der verfügungsbefugte Grundschuldinhaber oder der verfügungsbefugte Nichtgrundschuldinhaber berechtigt, der vom wahren Rechtsinhaber zur Verfügung über die Grundschuld gemäß § 185 Abs. 1 ermächtigt oder aber gesetzlich verfügungsbefugt ist.[117]

V könnte hier verfügungsbefugte Grundschuldinhaberin durch **Ersterwerb der Grundschuld** von F gemäß §§ 873 Abs. 1, 1191, 1192 Abs. 1, 1115 ff. geworden sein.

1. Die hierfür zunächst erforderliche **Einigung** (§§ 873 Abs. 1, 1191) zwischen F und V über die Bestellung einer Buchgrundschuld i.H.v. 230.000 € am Grundstück der F liegt vor. Beide haben im Rahmen der Einigung i.S.d. §§ 1191, 1192 Abs. 1, **1116 Abs. 2** die Erteilung eines Grundschuldbriefes ausgeschlossen.

2. Zudem ist die nach §§ 873 Abs. 1, 1192, 1115, 1116 Abs. 2 erforderliche **Eintragung** der Buchgrundschuld im Grundbuch erfolgt.

3. Darüber hinaus müssten sich V und F gemäß § 873 Abs. 1 im Zeitpunkt der Eintragung der Buchgrundschuld auch noch **einig** über die Belastung des Grundstücks mit derselben gewesen sein. Bis dahin ist die Einigung frei widerruflich, es sei denn die Bindungswirkung nach § 873 Abs. 2 ist bereits ausgelöst worden.

Mangels Widerrufs o.Ä. waren sich V und F im Zeitpunkt der Eintragung der Grundschuld über deren Bestellung gemäß § 873 Abs. 1 noch einig.

4. F ist als verfügungsbefugte Grundstückseigentümerin auch zur Grundschuldbestellung **berechtigt**.

Folglich hat V im Wege des Ersterwerbs von F gemäß §§ 873 Abs. 1, 1191, 1192, 1115 ff. die Grundschuld erworben, ist damit Grundschuldgläubigerin geworden und als verfügungsbefugte Grundschuldinhaberin somit zur Abtretung berechtigt.

Mithin hat B die Grundschuld **im Wege des Zweiterwerbs** durch Abtretung von V nach §§ 1192 Abs. 1, 1154 ff., 873 Abs. 1 Var. 3 wirksam erworben, sodass der Anspruch auf Duldung der Zwangsvollstreckung von B gegenüber F entstanden ist.

---

117 Vgl. BGH NJW-RR 1993, 369, 370; vgl. Palandt/Herrler § 1191 Rn. 8; vgl. Baur/Stürner Sachenrecht § 44 Rn. 13 und § 45 Rn. 54 ff.

B. Anspruch nicht untergegangen (= „Grundschuld nicht untergegangen“)

Mangels Eingreifens von rechtsvernichtenden Einwendungen, die sich gegen die Inanspruchnahme aus der Grundschuld richten, ist der Anspruch auf Duldung der Zwangsvollstreckung von B gegenüber F aus §§ 1192 Abs. 1, 1147 auch nicht untergegangen.

Bei Tilgung der Grundschuld geht diese auf den Eigentümer über **(Eigentümergrundschuld)** und der Anspruch erlischt (dogmatische Begründung str.).

C. Anspruch durchsetzbar (= „Grundschuld durchsetzbar“)

Schließlich liegen auch keine rechtshemmenden Einwendungen vor, die sich gegen die Inanspruchnahme aus der Grundschuld richten, sodass der Anspruch auf Duldung der Zwangsvollstreckung von B gegenüber F aus §§ 1192 Abs. 1, 1147 auch nicht in seiner Durchsetzbarkeit gehemmt ist.

Somit hat B gegenüber der F einen Anspruch auf Duldung der Zwangsvollstreckung aus §§ 1192 Abs. 1, 1147.

Anmerkung:

*Da die Grundschuld hier zur Absicherung der Darlehensforderung aus § 488 Abs. 1 S. 2 bestellt worden ist, liegt eine **Sicherungsgrundschuld nach § 1192 Abs. 1 a** vor.*

*Da § 1153 für die Grundschuld nicht gilt, wird die Forderung bei einer Sicherungsgrundschuld getrennt von der Grundschuld abgetreten. Zwar können Forderung und Grundschuld gemeinsam abgetreten werden, aber die Abtretung der **Forderung richtet sich nach §§ 398 ff.** und die Abtretung der **Grundschuld nach §§ 1192, 1154 ff.**[118] Die §§ 1192, 1154 ff. sind für die Übertragung einer Grundschuld nämlich spezieller als der subsidiäre § 413, der ansonsten die Abtretung regeln würde.[119] Daher kann z.B. die Forderung formlos nach § 398 abgetreten werden (anders bei der Hypothek!), während die Abtretung der Grundschuld nach § 1192 Abs. 1 der Form des § 1154 bedarf.*

Der Übertragung einer Sicherungsgrundschuld als Verfügungsgeschäft i.S.d. § 1192 Abs. 1 a liegt ein schuldrechtlicher Sicherungsvertrag als Verpflichtungsgeschäft (nach § 311) zugrunde. Diese Geschäfte sind aufgrund des Abstraktionsprinzips in ihrem Bestand voneinander unabhängig, gleichwohl beeinflussen sie sich (vgl. dazu Fall 32).

118 Palandt/Herrler § 1191 Rn. 8, 22; Baur/Stürner Sachenrecht § 45 Rn. 56; Habersack Ex-Rep Sachenrecht, Rn. 404.

119 Palandt/Grüneberg § 413 Rn. 2.

Fall 31: Die Grenzen der Beschränkung des Anspruchs auf Rückgewähr der Grundschuld
(BGH 18.07.2014 – V ZR 178/13, BGH RÜ 2014, 689)

S und F wollen im Jahr 2017 gemeinsam eine Halle errichten, um sie einem ihrer Bauunternehmen (einer GmbH) zu vermieten. Sie nehmen daher als Gesamtschuldner persönlich bei der G-Bank ein Darlehen über 200.000 € auf, das der Finanzierung des Projekts dienen soll. Als Sicherheit bestellt S zugunsten der G-Bank eine Grundschuld an einem Grundstück, das ihm alleine gehört. Gesichert soll nur die Forderung der G-Bank aus diesem Darlehensvertrag sein. Der Sicherungsvertrag enthält ferner folgende Regelung, die die G-Bank üblicherweise ihren Kunden vorlegt und auf die der Mitarbeiter immer besonders hinweist:

„Sicherungsgeber ist S. (…)

Soweit dem Sicherungsgeber nach Erledigung des vereinbarten Sicherungszwecks ein Rückgewähranspruch auf die oben bezeichnete Grundschuld zusteht, ist dieser auf den Anspruch auf Löschung (Aufhebung) der Grundschuld beschränkt, es sei denn, dass im Zeitpunkt der Rückgewähr das Eigentum an dem belasteten Grundstück durch Zuschlag in der Zwangsversteigerung gewechselt hat."

Ende 2018 entschied sich S dazu, aus den Geschäften auszusteigen und fortan als Privatier zu leben. Deshalb vereinbarte er mit F, dass dieser von nun an allein für die Verbindlichkeit aus dem Darlehensvertrag einstehen soll. Dafür (und wegen anderer Schulden) übertrug S ihm (wirksam) das Eigentum an dem Grundstück. Mitte 2019 kündigte die G wirksam das Darlehen gegenüber S und F. Sie verlangt von S Rückzahlung der noch ausstehenden Darlehensschuld i.H.v. 50.000 €. Die übrigen 150.000 € wurden von S und F bereits vor der Kündigung des G auf die Forderung gezahlt. S macht geltend, dass er überhaupt nicht mehr hafte. Im Übrigen sei er nur Zug-um-Zug gegen Abtretung der Grundschuld zur Zahlung bereit, um bei F Regress zu nehmen und hierfür eine Sicherheit zu haben.

Hat die G einen durchsetzbaren Anspruch gegen S auf Zahlung der 50.000 €?

G könnte einen Anspruch gegen S auf Darlehensrückzahlung von 50.000 € aus § 488 Abs. 1 S. 2 haben.

A. Anspruch entstanden

Dazu müssten G und S zunächst einen wirksamen Darlehensvertrag geschlossen haben und die Darlehensvaluta müsste auch ausbezahlt worden sein.

S nahm persönlich ein Darlehen i.H.v. 200.000 € bei G auf. Er handelte somit im eigenen Namen und nicht etwa für eine möglicherweise im Hinblick auf den von S und F verfolgten Zweck (gemeinsame Errichtung einer Halle zwecks Vermietung an die zwischen beiden bestehende GmbH). Ferner zahlte die G den gesamten Betrag auch an S und F aus.

Ein Darlehensrückzahlungsanspruch gegen S i.H.v. 200.000 € aus § 488 Abs. 1 S. 2 ist somit entstanden.

B. Anspruch untergegangen

I. Durch Zahlung von S (oder F) ist der Anspruch gemäß **§ 362 Abs. 1 (i.V.m. § 422 Abs. 1 S. 1)** i.H.v. 150.000 € untergegangen.

II. Der verbleibende Anspruch gegen S könnte ferner durch eine **Schuldübernahme** des F erloschen sein. Voraussetzung ist, dass die Schuld wirksam auf F übergegangen ist (privative Schuldübernahme). Nach § 415 Abs. 1 S. 1 ist das nur dann der Fall, wenn S und F eine solche Schuldübernahme vereinbart haben und die G diese genehmigt hat.

Ob S und F tatsächlich eine Schuldübernahme vereinbaren wollten (oder eher eine Erfüllungsübernahme i.S.d. § 329), kann wegen der fehlenden Zustimmung der G dahinstehen. Die Schuld ist mithin in jedem Fall nicht für S schuldbefreiend nach § 415 Abs. 1 S. 1 auf F übergegangen.

Der Anspruch der G gegen S i.H.v. 50.000 € ist somit nicht untergegangen.

C. Anspruch durchsetzbar

Der Anspruch könnte jedoch nach **§§ 273 Abs. 1, 274** nur Zug-um-Zug durchsetzbar sein.

Die Einrede aus § 320 Abs. 1 scheidet aus. Der Anspruch auf Rückgewähr der Grundschuld kann schon nicht im Synallagma mit dem Darlehensrückzahlungsanspruch stehen, weil der Rückgewähranspruch sich nicht aus dem Darlehensvertrag ergibt (s.u.).

Dazu müsste S aus demselben rechtlichen Verhältnis, auf dem seine Verpflichtung beruht, einen fälligen Anspruch gegen die G haben.

I. In Betracht kommt hier ein Anspruch auf Rückgewähr der Grundschuld (durch Abtretung). Ein solcher könnte sich vorliegend aus der Sicherungsabrede zwischen S und G ergeben.

S und G vereinbarten anlässlich des Darlehensvertrags, dass S verpflichtet sein soll, eine Grundschuld an seinem Grundstück zu bestellen. Aus dieser Zweckbindung folgt zugleich das Recht des Sicherungsgebers, dass die Sicherheit nach **Wegfall des Sicherungszwecks** zurückgewährt/ aufgegeben wird. Demnach beinhaltet die Sicherungsabrede einen **aufschiebend bedingten Rückgewähranspruch.**[120]

Merke:
Darlehensvertrag, Sicherungsabrede und (dingliche) Bestellung der Sicherheit sind rechtlich zu trennende Rechtsgeschäfte.

1. Voraussetzung zum wirksamen Entstehen des Anspruchs ist gemäß § 158 Abs. 1 der Eintritt der aufschiebenden Bedingung. Für die Begründung eines Zurückbehaltungsrechts reicht es jedoch aus, dass die aufschiebende Bedingung mit Erfüllung des geltend gemachten Anspruchs eintritt.[121] Als Bedingung war der Wegfall des Sicherungszwecks vereinbart. Zweck der Grundschuldbestellung war hier nur die Sicherung des einen Darlehensrückzahlungsanspruchs. Eine **Revalutierung** der Grundschuld war hingegen nicht vorgesehen (enge Sicherungszweckerklärung).[122] Demnach genügt die Rückzahlung der 200.000 € zur Herbeiführung des Bedingungseintritts. I.H.v. 150.000 € ist diese Bedingung hier also bereits eingetreten. Im Übrigen tritt die Bedingung unmittelbar mit Zahlung der 50.000 € ein, d.h. mit Erfüllung des geltend gemachten Anspruchs.

120 Palandt/Herrler § 1191 Rn. 17, 26.

121 BGH NJW 2014, 3772, 3775.

122 Vgl. zum Bedingungseintritt bei weiter Sicherungszweckerklärung BGH NJW 2013, 2894.

Die Bedingung i.S.d. § 158 Abs. 1 ist somit eingetreten, sodass der Anspruch auf Rückgewähr der Grundschuld im Ergebnis somit entstanden ist.

Der Unterschied zwischen den Möglichkeiten besteht darin, dass nach der **Abtretung** der Inhaber des Rückgewähranspruchs Inhaber der Grundschuld wird, beim **Verzicht** der Grundstückseigentümer eine Eigentümergrundschuld erwirbt (vgl. §§ 1192 Abs. 1, 1168 Abs. 1) und bei der **Aufhebung** (**Löschung**) die Grundschuld entfällt, sodass etwaige nachrangige Gläubiger im Rang aufrücken.[123]

2. Fraglich ist jedoch, mit welchem Inhalt der Anspruch entstanden ist. Nach den gesetzlichen Regelungen ist eine **„Rückgewähr" der Grundschuld auf folgende Weisen möglich**: durch Übertragung der Grundschuld (**Abtretung** nach §§ 1192 Abs. 1, 1154), durch **Verzicht** (nach §§ 1192 Abs. 1, 1168) oder durch **Aufhebung** (**Löschung** nach §§ 1192 Abs. 1, 1183, 875).[124]

Hier könnte der Anspruch jedoch durch die Vereinbarung zwischen S und G auf die Löschung der Grundschuld beschränkt sein. Das ist nach dem Wortlaut der Fall; insbesondere greift nicht die Ausnahme für die Zwangsversteigerung. Die Abrede müsste jedoch wirksamer Vertragsbestandteil geworden sein. Soweit es sich bei der Abrede um AGB handelt, richtet sich dies nach den §§ 305 ff.

a) Die Klausel wird von der G-Bank üblicherweise vorformuliert für Sicherungsverträge verwendet, sodass es sich um **AGB** i.S.d. § 305 Abs. 1 handelt.

b) Die Bestimmung muss auch wirksam in den Vertrag **einbezogen** worden sein. Die Voraussetzungen des § 305 Abs. 2 sind dabei erfüllt. Die Klausel wird aber nach § 305 c Abs. 1 dennoch nicht Bestandteil des Vertrages, wenn sie den Umständen nach besonders ungewöhnlich ist. Ob dies objektiv der Fall ist, kann dahinstehen, wenn ein „Überrumpelungseffekt" jedenfalls deswegen nicht gegeben ist, weil vom Verwender besonders auf die Klausel und ihre Gefahren aufmerksam gemacht wird („subjektiver" Überraschungsmoment).[125] Hier hat ein Bankmitarbeiter besonders auf die Klausel aufmerksam gemacht. Demnach ist davon auszugehen, dass die Klausel nicht überraschend war. Sie ist mithin einbezogen.

c) Die Klausel müsste auch einer **Inhaltskontrolle** nach §§ 307 ff. standhalten.

aa) Nach § 307 Abs. 3 ist eine Kontrolle anhand dieser Vorschriften nur möglich, wenn die Klausel eine Bestimmung ist, durch die von Rechtsvorschriften abweichende Regelungen vereinbart werden. Danach findet eine Inhaltskontrolle nicht statt, wenn die Klausel den Inhalt der **Hauptleistungspflicht** erst begründet. Anders ist es, wenn das Leistungsversprechen eingeschränkt wird.[126] Hier besteht die Leistungspflicht in der Rückgewähr der Grundschuld. Diese Pflicht wird durch die gesetzlichen Möglichkeiten (Übertragung, Aufhebung, Verzicht) ausgestaltet. Die Klausel beschränkt diese Möglichkeiten auf die Aufhebung (Löschung). Demnach weicht sie von der gesetzlichen Regelung ab. Eine Inhaltskontrolle ist somit möglich.

123 BeckOGK/Rebhan § 1191 Rn. 107.
124 BGH NJW-RR 1994, 847, 848; Palandt/Herrler § 1191 Rn. 26; MünchKomm/Lieder § 1191 Rn. 140.
125 Vgl. BeckOK/H. Schmidt § 305c Rn. 19.
126 Palandt/Grüneberg § 307 Rn. 44.

bb) Ein Verstoß gegen die Klauselverbote der §§ 308, 309 ist nicht ersichtlich. Die Klausel könnte jedoch gegen § 307 Abs. 2 Nr.1, Abs. 1 verstoßen. Das ist der Fall, wenn sie mit wesentlichen Grundgedanken der gesetzlichen Regelung nicht zu vereinbaren ist.

Gesetzliche Regelung ist hier die Ausgestaltung eines Rückgewähranspruchs als **Wahlschuldverhältnis** i.S.d. §§ 262 ff. Dem Sicherungsgeber stehen nach dem o.g. im gesetzlichen Regelfall grundsätzlich mehrere Möglichkeiten zur Verfügung, auf welche Art und Weise der Sicherungsnehmer die Sicherheit aufgeben kann. Je nach wirtschaftlicher Situation sind für den Sicherungsgeber dabei einzelne Möglichkeiten mehr oder weniger sinnvoll. Die unterschiedlichen Arten der Rückgewähr dienen daher insbesondere seinem wirtschaftlichen Interesse. Grundgedanke ist somit, dass der Sicherungsgeber entscheidet, wie er die Grundschuld „zurückerhält".

Fraglich ist jedoch, ob die Beschränkung auf eine Möglichkeit in unangemessener Weise von dieser Regelung abweicht.

(1) Dies könnte man generell mit dem Argument bejahen, dass es der typische Zweck einer Sicherungsabrede ist, dass dem Sicherungsgeber der Gegenstand auch so zurückgewährt wird, wie er ihn hingegeben hat.[127] Demgegenüber hat der Sicherungsnehmer gar kein Interesse daran, den Sicherungsgeber in seiner wirtschaftlichen Freiheit hinsichtlich der sich aus dem Rückgewähranspruch ergebenden Wahlmöglichkeiten zu beschränken. Zu dieser Freiheit gehört es aber auch, die Grundschuld wiederholt als Sicherungsmittel zu verwenden.[128] Danach wäre die generelle Beschränkung hier unangemessen.

(2) Jedenfalls könnte man die Klausel für unangemessen halten, wenn sie Geltung auch für den Fall beansprucht, dass Sicherungsgeber und Eigentümer im Zeitpunkt der Rückgewähr personenverschieden sind.[129] In diesem Fall bringt dem Sicherungsgeber ein Anspruch auf Löschung oder Verzicht nichts; profitieren würde nur der neue Eigentümer des Grundstücks, der selbst die gesicherte Forderung nicht getilgt hat. In diesen Fällen könnte die Abtretung der Grundschuld aber gerade die Funktion erfüllen, den **Regress** beim neuen Eigentümer zu **sichern**. Das gilt insbesondere, wenn der frühere Eigentümer und Sicherungsgeber im Außenverhältnis noch für die Forderung haftet, aber im Innenverhältnis mit dem neuen Eigentümer vereinbart hat, dass dieser die Forderung erfüllen soll.[130]

Hier differenziert die Klausel nicht danach, ob der Sicherungsgeber auch der Eigentümer ist, oder ob diese Positionen mittlerweile auseinanderfallen. Sie gilt gerade – wie im vorliegenden Fall – auch dann, wenn der Sicherungsgeber nicht mehr Eigentümer ist. Auch hieraus könnte sich also eine Unangemessenheit der Klausel ergeben.

127 Vgl. Kesseler NJW 2012, 577, 580.
128 Vgl. Müller RNotZ 2012, 199, 202 m.w.N.
129 Erman/F. Wenzel § 1191 Rn. 71 ff. m.w.N.
130 BGH NJW 2014, 3772, 3774.

(3) Andererseits spricht für die Angemessenheit die gesetzliche Regelung der §§ 1192 Abs. 1, 1179 a. Danach sieht das Gesetz zum Schutz nachrangiger Gläubiger gerade die Löschung der Grundschuld bei Entstehen einer Eigentümergrundschuld vor. Dabei wird jedoch nicht beachtet, dass § 1179 a nicht die Rückgewähr regelt, sondern nur eine mögliche Folge der Rückgewähr.[131] Die Norm greift gerade nur dann, wenn eine Eigentümergrundschuld entsteht. Ist der Sicherungsgeber jedoch mit dem Grundstückseigentümer personenverschieden, ist dies aber im Falle der Rückgewähr gerade nicht der Fall.

In diesem Fall hat der Sicherungsgeber ein erhebliches Interesse daran, dass er die Grundschuld durch Abtretung zurückerhält (s.o.).[132] Eine solche Beeinträchtigung der Interessen des Sicherungsgebers kann nur durch überwiegende Interessen des Sicherungsnehmers gerechtfertigt werden. Diese könnten indes allenfalls darin liegen, dass der Sicherungsnehmer bei der Löschungsklausel nicht prüfen muss, wer Sicherungsgeber ist, d.h. an wen die Grundschuld zurückgewährt werden muss. Diesbezüglich besteht jedoch bereits kein Schutzbedürfnis. Der Sicherungsnehmer weiß, wer Sicherungsgeber ist, und eine Auswechslung dieser Person ist ohne Mitwirkung des Sicherungsnehmers nicht möglich.[133] Folglich bestehen für ihn im Falle eines (Rück-)Übertragungsanspruchs auch keine Schwierigkeiten, den insofern anspruchsbegründenden Sicherungsgeber zu identifizieren.

Es bestehen somit keine nennenswerten Interessen, die es rechtfertigen würden, dem früheren Eigentümer z.B. den Regress beim neuen Eigentümer zu erschweren.

cc) Die Klausel verstößt mithin gegen wesentliche Grundgedanken der gesetzlichen Regeln zur Rückgabe einer Grundschuld und ist folglich nach § 307 Abs. 2 Nr. 1, Abs. 1 unwirksam.

Der Anspruch ist somit ursprünglich auf Rückgewähr durch Abtretung, Verzicht oder Aufhebung gerichtet gewesen.

Sieht man die Klausel hingegen als wirksam an, wäre der Anspruch auf Löschung der Grundschuld mit dem Übergang des Grundstückseigentums erloschen, da Löschung und Verzicht nur noch den neuen Eigentümer betreffen.[134]

Dadurch, dass S nicht mehr Eigentümer des Grundstücks ist, **beschränkt sich der Anspruch auf Abtretung der Grundschuld**; Verzicht und Aufhebung kann hingegen nur der Grundstückseigentümer verlangen.[135]
Ein Rückgewähranspruch besteht somit auch weiterhin. Dieser wurde bzw. wird auch mit Eintritt der Bedingung fällig.

2. Er beruht aufgrund der engen Verknüpfung von Darlehensvertrag und Sicherungsvertrag auch auf demselben rechtlichen Verhältnis (Konnexität i.S.d. § 273 Abs. 1).

Der Anspruch der G ist somit im **Ergebnis** nach §§ 273 Abs. 1, 274 nur Zug-um-Zug gegen Abtretung der Grundschuld durchsetzbar.

G hat daher einen Anspruch gegen S auf Zahlung von 50.000 € Zug-um-Zug gegen Abtretung der Grundschuld.

131 BGH NJW 2014, 3772, 3774.
132 Vgl. bereits BGH NJW 1989, 1349, 1350.
133 BGH NJW 2014, 3772, 3774.
134 Vgl. BGH NJW-RR 1993, 386, 389; OLG Saarbrücken, Beschl. v. 25.02.2015 – 5 W 96/14, Rn. 23.
135 Vgl. Palandt/Herrler § 1191 Rn. 26.

Anmerkung:

Der Fall ist gegenüber dem Originalfall vereinfacht worden; im Originalfall haben S und F als GbR-Gesellschafter gemeinschaftlich die Grundschuld (an einem in gemeinschaftlichem Miteigentum stehenden Grundstück) bestellt. Ihnen stand der Anspruch daher gemeinschaftlich nach §§ 747 S. 2, 432 Abs. 1 S. 1 zu. Daher mussten sie das Wahlrecht (s.o.) auch gemeinsam ausüben. Zu weiteren Problemen in diesem Zusammenhang s. die Entscheidung des BGH RÜ 2014, 689, bei der es sich um eine Fortführung des Urteils des BGH handelt.

Fall 32: Der Erwerb einer Sicherungsgrundschuld

Nach seiner Emeritierung kauft Professor K beim Pferdezüchter P den wertvollen Araberhengst „Majestro" für 135.000 €.

Da K nur über geringe finanzielle Mittel verfügt, verlangt P die Bestellung von Sicherheiten. K erklärt sich damit einverstanden und wendet sich hilfesuchend an seinen vermögenden Sohn S. Er kann seinen Sohn davon überzeugen, eine Sicherungsgrundschuld zugunsten des P zu bestellen. Bald darauf bestellt S zur Absicherung der Kaufpreisforderung dem P formgerecht eine Buchgrundschuld an seinem Grundstück, wobei beide sich einig sind, dass etwaige Zahlungen des K einzig und allein die Forderung betreffen sollen.

Obwohl K im Laufe der Jahre den Kaufpreis komplett zahlt, tritt der mittlerweile erfolglose P die Kaufpreisforderung zusammen mit der Grundschuld formgerecht an den X ab, um „wieder flüssig" zu sein. Die Abtretung der Grundschuld wird auch im Grundbuch eingetragen. Zwar weiß X im Zeitpunkt der Abtretung um den Sicherungscharakter der Grundschuld, hat aber keine Ahnung davon, dass der Kaufpreis längst bezahlt ist.

Kann X von S die Duldung der Zwangsvollstreckung verlangen?

X könnte gegenüber S einen Anspruch auf Duldung der Zwangsvollstreckung aus §§ 1192 Abs. 1, 1147 haben.

Die Duldung der Zwangsvollstreckung kann X nach §§ 1192 Abs. 1, 1147 nur verlangen, wenn er am Grundstück des S eine Grundschuld erworben hat, diese nicht wieder erloschen ist und der Inanspruchnahme aus der Grundschuld keine Einreden entgegenstehen.

A. Anspruch entstanden (= „Grundschuld entstanden")

Zunächst müsste X also eine Grundschuld erworben haben und damit Grundschuldgläubiger geworden sein.

In Betracht kommt hier ein **Zweiterwerb der Grundschuld** des X durch Abtretung der Grundschuld von P nach §§ 1192 Abs. 1, 1154 ff., 873 Abs. 1 Var. 3.

I. Indem P und X vereinbart haben, dass Grundschuld und Forderung fortan dem X statt dem P zustehen sollen, liegt die für den Zweiterwerb einer Grundschuld erforderliche **Einigung** nach §§ 1192 Abs. 1, 1154 ff. vor. Diese Einigung ist insbesondere auch deshalb wirksam, weil die Abtretung in das Grundbuch eingetragen und so die Form der §§ 1192 Abs. 1, 1154 Abs. 3 gewahrt worden ist.

Beachte:
Falls es an der Berechtigung fehlt, ist ein gutgläubiger Erwerb der Grundschuld nach § 892 zu prüfen!

II. Die darüber hinaus erforderliche **Berechtigung** des P zur Abtretung ist ebenfalls gegeben. Schließlich hat P kurz zuvor wirksam im Wege des Ersterwerbes gemäß §§ 873 Abs. 1, 1191, 1192 Abs. 1, 1115 ff. die Buchgrundschuld vom verfügungsbefugten Eigentümer S erworben.

Mithin hat X die Grundschuld im Wege des Zweiterwerbs durch Abtretung von P nach §§ 1192 Abs. 1, 1154 ff., 873 Abs. 1 Var. 3 wirksam erworben, sodass der Anspruch auf Duldung der Zwangsvollstreckung von X gegenüber S aus §§ 1192 Abs. 1, 1147 entstanden ist.

B. Anspruch nicht untergegangen (= „Grundschuld nicht untergegangen")

Fraglich ist jedoch, ob der Anspruch auf Duldung der Zwangsvollstreckung untergegangen ist.

Bei Tilgung der Grundschuld geht diese auf den Eigentümer über (Eigentümergrundschuld) und der Anspruch erlischt (dogmatische Begründung str.)

Dafür könnte hier sprechend, dass der Kaufpreis mittlerweile vollständig an den P bezahlt wurde.

Im Sicherungsvertrag, der zwischen P und S besteht, ist allerdings vereinbart worden, dass sämtliche Zahlungen des persönlichen Schuldners K auf die Forderung und nicht auf die Grundschuld erfolgen sollen. Somit hat die Begleichung der Kaufpreisforderung aus § 433 Abs. 2 keinerlei Einfluss auf den weiteren Fortbestand der Grundschuld. Da auch keine sonstigen rechtsvernichtenden Einwendungen bestehen, die sich direkt gegen die Inanspruchnahme aus der Grundschuld richten, ist der Anspruch auf Duldung der Zwangsvollstreckung von X gegenüber S aus §§ 1192 Abs. 1, 1147 folglich nicht untergegangen.

C. Anspruch durchsetzbar (= „Grundschuld durchsetzbar")

Ferner müsste der Anspruch auch durchsetzbar sein.

Das ist dann der Fall, wenn S die Duldung der Zwangsvollstreckung nicht aufgrund einer ihm gegen die Inanspruchnahme aus der Grundschuld zustehenden rechtshemmenden Einwendung (= Einrede) verweigern kann.

I. In Betracht kommt zunächst eine **eigentümerbezogene Einrede** des S aus §§ 1192 **Abs. 1**, 1157 S. 1 gegen die Inanspruchnahme aus der Grundschuld.

Originär und unmittelbar ist § 1157 S. 1 auf Einreden des Eigentümers gegen die Hypothek (sog. eigentümerbezogene Einreden) zugeschnitten, während bei der Hypothek für Einreden, die sich aus der Forderung ergeben (sog. schuldnerbestimmte Einreden), § 1137 gilt. § 1157 setzt also keine Akzessorietät voraus und ist damit nach § 1192 Abs. 1 auch auf die Grundschuld anwendbar.

Einreden nach §§ 1192 Abs. 1, 1157 S. 1 sind letztlich jedoch nur bei der **„isolierten" Grundschuld**, die nicht der Sicherung einer Forderung dient und deren Verschaffung daher auf einem anderen Kausalgeschäft (z.B. Kauf, Schenkung oder Vermächtnis) beruht, von Bedeutung (z.B. Stundungseinrede gegen die Inanspruchnahme aus der Grundschuld).[136] Das bedeutet, dass der Eigentümer alle Einreden, die aus einem entsprechenden Rechtsverhältnis mit dem Grundschuldgläubiger resultieren, diesem ohne Weiteres entgegenhalten kann.[137] Wird die Grundschuld jedoch gemäß §§ 1192 Abs. 1, 1154 ff. abgetreten, dann kann der Eigentümer diese eigentümerbezogenen Einreden nach § 1157 S. 1 auch gegenüber dem neuen Grundschuldgläubiger (Zessionar) geltend machen. Nach § 1157

136 Baur/Stürner Sachenrecht, § 44 Rn. 6; Meyer Jura 2009, 561, 562; Koch Jura 2010, 179, 181.
137 Meyer Jura 2009, 561, 562; Nietsch NJW 2009, 3606, 3607 f.

S. 2 ist dann aber ein gutgläubiger einredefreier Erwerb der Grundschuld durch den neuen Grundschuldgläubiger durchaus möglich.

Hier haben der Eigentümer S und der (erste) Grundschuldgläubiger P einen Sicherungsvertrag nach § 311 geschlossen, der die schuldrechtliche Grundlage, also das Kausalgeschäft, für die dingliche Verfügung, also die Bestellung der Grundschuld, nach §§ 873 Abs. 1, 1191, 1192 Abs. 1, 1115 f. bildet. **Inhalt des Sicherungsvertrages** – ausdrücklich oder konkludent vereinbart – sind neben der **Verpflichtung zur Grundschuldverschaffung**[138] **insbesondere die aufschiebend bedingte Einrede der Nichtgeltendmachung der Grundschuld** sowie ein Rückgewähranspruch, sofern der Sicherungszweck endgültig entfallen ist.[139]

Der Schuldner K hat die Kaufpreisforderung aus § 433 Abs. 2 hier bereits vollständig beglichen, sodass mangels Bestehens einer zu sichernden Forderung des P der Sicherungszweck, der der Grundschuld zugrunde lag, endgültig entfallen ist. Das bedeutet, dass die Grundschuld dem Eigentümer S zurückgewährt werden muss. Solange dies nicht erfolgt ist, steht S daher die durch die Bezahlung des Kaufpreises bedingte Einrede der Nichtgeltendmachung der Grundschuld gegenüber dem (ersten) Grundschuldgläubiger P zu. Diese Einrede resultiert aus dem von S und P geschlossenen Sicherungsvertrag i.S.d. § 311 und kann von S auch nicht nach §§ 1192 **Abs. 1**, 1157 S. 1 dem neuen Grundschuldgläubiger X entgegenhalten werden.

§ 1192 Abs. 1a ist am 18.08.2008 in Kraft getreten, um die unberechtigte Zwangsvollstreckung in Immobilien zu verhindern, die durch grundschuldgesicherte Darlehen finanziert wurden.

II. Jedoch könnte S eine **eigentümerbezogene Einrede** aus §§ 1192 Abs. 1, **Abs. 1 a,** 1157 S. 1 gegen die Inanspruchnahme aus der Grundschuld zustehen.

Die dem S zustehende Einrede der Nichtgeltendmachung der Grundschuld aus dem Sicherungsvertrag, die ihm seit dem endgültigen Wegfall des Sicherungszwecks gegenüber P zusteht, ist grundpfandrechtsbezogen und kann daher gemäß **§§ 1192 Abs. 1, Abs. 1 a Hs. 1, S. 2**, 1157 S. 1 auch dem neuen Grundschuldgläubiger X entgegengehalten werden. So kann S als Eigentümer dem neuen Grundschuldgläubiger X durch die Neuregelung des § 1192 Abs. 1a nicht mehr nur diejenigen Einreden entgegenhalten, die ihm schon vor der Abtretung zustanden. Vielmehr kann er darüber hinaus auch diejenigen Einreden erheben, die sich nach der Abtretung aus dem Sicherungsvertrag ergeben.[140]

Mithin steht S eine eigentümerbezogene Einrede aus §§ 1192 Abs. 1, **Abs. 1 a**, 1157 S. 1 gegen die Inanspruchnahme aus der Grundschuld zu.

III. Jedoch könnte sich S gegenüber X dann nicht auf die Einrede der Nichtgeltendmachung der Grundschuld aus dem Sicherungsvertrag berufen,

---

138 BGH NJW 2003, 2673; Erman/Wenzel § 1191 Rn. 14; Palandt/Herrler § 1191 Rn. 17; Nietsch NJW 2009, 3606, 3607.

139 BGH NJW-RR 1996, 234, 235; Palandt/Herrler § 1191 Rn. 17, 26; Kadner/Schmidt Jura 2007, 211, 213; Nietsch NJW 2009, 3606, 3607; Koch Jura 2010, 179, 181.

140 Vgl. Begr. RegE, BT-Drs. 16/9821, S. 16, 22; Weller JuS 2009, 969, 974; Nietsch NJW 2009, 3606, 3607.

wenn X die Grundschuld **gutgläubig einredefrei gemäß §§ 1192 Abs. 1, 1157 S. 2 i.V.m. § 892 erwerben** kann.

Nach **§ 1192 Abs. 1 a Hs. 2 findet § 1157 S. 2 auf die Sicherungsgrundschuld jedoch keine Anwendung**, sodass ein gutgläubiger einredefreier Erwerb der Grundschuld durch X ausgeschlossen ist. Damit ist unerheblich, dass X zwar den Sicherungscharakter der Grundschuld kannte, nicht aber wusste, dass der Kaufpreis bereits bezahlt war.

Mithin steht S im **Ergebnis** – nach wie vor – aus dem Sicherungsvertrag die Einrede der Nichtgeltendmachung der Grundschuld gegenüber X gemäß §§ 1192 Abs. 1, Abs. 1a, 1157 S. 1 zu, sodass S die Duldung der Zwangsvollstreckung zu Recht verweigern kann.

Folglich ist der von X geltend gemachte Anspruch nicht durchsetzbar und somit hat X gegenüber S keinen Anspruch auf Duldung der Zwangsvollstreckung aus §§ 1192 Abs. 1, 1147.

Anmerkung:

*Bis zum Inkrafttreten des § 1192 Abs. 1 a durch das **Risikobegrenzungsgesetz am 19.08.2008** konnten Einreden aus dem Sicherungsvertrag dem neuen Gläubiger nur entgegengehalten werden, wenn die beiden Voraussetzungen des § 1157 erfüllt waren. Nach alter Rechtslage war umstritten, ob der Erwerber einer Sicherungsgrundschuld, der zwar den Sicherungscharakter, aber nicht das Nichtbestehen der Forderung im Zeitpunkt der Abtretung kannte, sich die Einrede der Nichtgeltendmachung der Grundschuld entgegenhalten lassen musste, und damit bösgläubig war.*[141]

141 Siehe zur alten Rechtslage: BGHZ 59, 1; 103, 72, 83; Cordes Jura 1990, 594, 597.

Fall 33: Der Haftungsverband von Grundschulden
(Vgl. BGH 14.12.2005 – IV ZR 45/05, BGHZ 165, 261)

Ausgangsfall:

U betreibt seit dem Jahr 2007 auf seinem Grundstück mit einer Gewerbehalle eine Tischlerei zur Herstellung von Küchenmöbeln. Das Gebäude selbst ist nicht speziell auf eine Tischlerei zugeschnitten, sondern könnte auch zu anderen Zwecken genutzt werden. Zur Holzbearbeitung und Weiterverarbeitung hat U sich Ende 2016 mehrere Maschinen angeschafft. Den Kaufpreis hat der Verkäufer ihm teilweise gestundet, ohne einen Eigentumsvorbehalt zu vereinbaren. Als der Verkäufer aber nach Fristablauf auf eine Zahlung drängt, wendet sich U im Jahr 2018 an die B, um den Kaufpreis über ein Darlehen finanzieren zu können. B ist nur gegen Einräumung einer Grundschuld an dem Betriebsgrundstück zur Gewährung eines Darlehens bereit. U und B einigen sich auf eine Darlehenssumme von 500.000 €, zu deren Sicherung U wirksam eine Grundschuld zugunsten der B bestellt. U unterwirft sich ferner in einer notariellen Urkunde der sofortigen Zwangsvollstreckung.
Als U im Jahr 2019 keine Zahlungen mehr leistet, kündigt B wirksam das Darlehen. Um an Geld zu kommen, entschließt sich U dazu, die meisten seiner Maschinen zu verkaufen; auf den Betrieb hat er ohnehin keine Lust mehr. U wird sich daher mit D am 01.08.2019 einig, einige Maschinen für 100.000 € zu verkaufen. Von einer Grundschuld oder finanziellen Problemen des U weiß D nichts. D soll nach der vertraglichen Abrede auch bereits Eigentümer werden, aber U soll die Maschinen noch einen Monat nutzen dürfen, um Aufträge zu erfüllen. Auf den Antrag der B hin ordnet das Vollstreckungsgericht am 25.08.2019 die Zwangsversteigerung an und stellt U diesen Beschluss am selben Tag zu. Am 28.08.2019 wird der Versteigerungsvermerk im Grundbuch eingetragen. Am 02.09. 2019 holt D die Maschinen ab, da er von dem ganzen Vorgang immer noch nichts erfahren hat.
Auf der Versteigerung des Grundstücks am 03.12.2019 erhält E den Zuschlag. Er verlangt daraufhin von D Herausgabe der Maschinen. Steht E ein solcher Anspruch aus § 985 zu?

Abwandlung:

Gehen Sie bei im Übrigen gleicher Sachlage davon aus, dass U bereits im Juni 2019 den Betrieb der Tischlerei aufgegeben und die Maschinen nicht mehr genutzt hat. Die Versteigerung erfolgte, genauso wie im Ausgangsfall, erst im Dezember 2019.

Unterlagen die Maschinen in diesem Fall dann noch der Zwangsvollstreckung?

Ausgangsfall:

E könnte einen Anspruch gegen D auf Herausgabe der Maschinen aus §§ 985, (986) haben.

A. Dazu müsste E Eigentümer der Maschinen sein.

I. Ursprünglich war U Eigentümer der Maschinen. Dieser könnte sein Eigentum jedoch nach §§ 929 S. 1, 930 am 01.08.2019 an D übertragen haben.

1. Eine entsprechende Einigung i.S.d. § 929 S. 1 liegt vor. D sollte nach der Vereinbarung bereits am 01.08.2019 Eigentümer werden.

2. An Stelle der nach § 929 S. 1 erforderlichen und am 01.08. nicht erfolgten Übergabe müssten U und D nach § 930 ein Rechtsverhältnis vereinbart haben, vermöge dessen D den mittelbaren Besitz i.S.d. § 868 erlangt.

Das ist der Fall, wenn U dem D gegenüber aufgrund eines der in § 868 genannten oder ähnlichen Verhältnisses auf Zeit zum Besitz berechtigt ist und in Anerkennung des sich aus dem Rechtsverhältnis ergebenden Herausgabeanspruchs auch gerade für den D besitzt (= Fremdbesitzerwille). D gestattete dem U, dass er die Maschinen noch für einen Monat nutzen dürfe. Aus diesem Leihvertrag i.S.d. § 598 ist U auf Zeit (vgl. § 604 Abs. 1) zum Besitz berechtigt. Auch hat U einen entsprechenden Fremdbesitzerwillen.

Ein Besitzkonstitut i.S.d. § 930 liegt daher vor.

3. Ferner müsste U als Veräußerer auch Berechtigter gewesen sein.

Zur Eigentumsübertragung ist nur der wahre Rechtsinhaber, also der verfügungsbefugte Eigentümer oder der verfügungsbefugte Nichteigentümer, der vom wahren Rechtsinhaber zur Verfügung gemäß § 185 Abs. 1 ermächtigt oder aber gesetzlich verfügungsbefugt ist, berechtigt.

U war hier zwar Eigentümer der Maschinen – insbesondere sind ihm diese trotz Stundung des Kaufpreises durch den Verkäufer nicht bloß unter Eigentumsvorbehalt geliefert worden. Seiner Verfügungsbefugnis könnte jedoch ein Veräußerungsverbot nach § 23 Abs. 1 S. 1 ZVG entgegenstehen, da die Verfügung dann nach § 23 Abs. 1 S. 1 ZVG i.V.m. §§ 135 Abs. 1 S. 1, 136 gegenüber B unwirksam wäre. Dafür ist gemäß § 23 Abs. 1 S. 1 erforderlich, dass eine wirksame Beschlagnahme vorliegt. Wirksam wird eine Beschlagnahme allerdings nach § 22 Abs. 1 S. 1 ZVG erst in dem Zeitpunkt, in dem der Beschluss, durch den die Zwangsversteigerung angeordnet wird, dem Schuldner zugestellt wird. Die Zwangsversteigerung wurde hier erst am 25.08.2019 angeordnet, sodass jedenfalls am 01.08. noch keine Beschlagnahme vorlag und folglich auch noch kein Verfügungsverbot bestand.

Schon hier ist streng auf die zeitliche Abfolge zu achten. Das Verfügungsverbot des § 23 ZVG gilt erst ab Wirksamwerden der Beschlagnahme. Nur dies ist bei dem Eigentumsübergang bedeutsam. Darüber hinaus ist fraglich, ob die Gegenstände mit versteigert werden.

Mithin war U als Eigentümer nicht in seiner Verfügungsmacht beschränkt und somit zur Veräußerung berechtigt.

D hat daher am 01.08.2019 das Eigentum an den Maschinen erworben.

II. Er könnte sein Eigentum jedoch nach den §§ 90, 55 Abs. 1, 20 Abs. 2 ZVG i.V.m. § 1120 an den E verloren haben.

Nach § 90 Abs. 2 ZVG erwirbt der Ersteher an allen Gegenständen Eigentum, auf welche sich die Versteigerung erstreckt hat. Nach § 55 Abs. 1 ZVG sind dies alle Gegenstände, deren Beschlagnahme noch wirksam ist. Dazu gehören nach § 20 Abs. 2 ZVG auch alle Gegenstände, auf die sich bei einem Grundstück die Hypothek erstreckt.

Bei den Maschinen müsste es sich daher um Gegenstände handeln, die (zum Zeitpunkt der Versteigerung) zum Haftungsverband i.S.d. §§ 1120 ff. gehörten.

1. Hier könnte es sich bei den Maschinen um Zubehör i.S.d. §§ 1120, 97 Abs. 1 handeln. Die Maschinen müssten dann dem wirtschaftlichen Zweck der Hauptsache (d.h. des Grundstücks) zu dienen bestimmt sein und zu ihr in einem dieser Bestimmung entsprechenden räumlichen Verhältnis stehen. § 98 Nr. 1 konkretisiert dies dahingehend, dass bei einem Gebäude, das für einen gewerblichen Betrieb dauernd eingerichtet ist, die zu dem Betrieb bestimmten Maschinen diese Kriterien erfüllen.

Die Maschinen dienen hier der Herstellung von Küchenmöbeln, wofür auch die Halle und damit das Grundstück verwendet wird. Aus § 98 könnte man jedoch schließen, dass bereits das Gebäude derart eingerichtet sein muss, dass es genau auf den Betrieb, für den die Maschinen notwendig sind, zugeschnitten sein muss. Dafür spricht, dass durch Vorschriften wie § 1120 die wirtschaftliche Einheit eines Grundstücks geschützt werden soll. Wenn aber das Grundstück gar nicht eine bestimmte Zweckbestimmung hat, können auch sonstige Bestandteile davon wirtschaftlich getrennt werden. Hiernach wären die Maschinen kein Zubehör. Das Grundstück selbst ist hier nicht auf die Produktion von Möbeln zugeschnitten.

Dagegen spricht aber, dass sich die „dauernde Einrichtung" i.S.d. § 98 Nr. 1 gerade auch durch die Ausstattung mit bestimmten beweglichen Sachen ergeben kann. Durch diese wird der Zweck des Grundstücks festgelegt. Es kommt somit allein darauf an, ob sich aus den baulichen Besonderheiten und/oder aus der Ausstattung mit Inventar ergibt, dass das Gebäude einem gewerblichen Betrieb auf Dauer dienen soll.[142]
Hier wird durch die Ausstattung der Halle mit den Maschinen ein derartiger Zweck deutlich. Es handelt sich somit bei den Maschinen um Zubehör i.S.d. §§ 97, 98 Nr. 1. Das Zubehör stand also zunächst im Eigentum des U, sodass § 1120 greift und die Maschinen folglich jedenfalls zunächst zum Haftungsverband gehörten.

2. Die Zugehörigkeit von Zubehör zum Haftungsverband endet allerdings, wenn eine Enthaftung nach §§ 1121 f. eingetreten ist.
Hier kommt eine Enthaftung nach § 1121 durch Veräußerung und Entfernung der Gegenstände in Betracht.

a) Eine Enthaftung nach § 1121 Abs. 1 setzt voraus, dass die Gegenstände veräußert und vom Grundstück entfernt wurden, bevor die Beschlagnahme erfolgte.[143] Hier wurden die Maschinen zwar vor dem 25.08. veräußert; jedoch erfolgte die Entfernung der Gegenstände erst im September und somit nicht vor der Beschlagnahme am 25.08. (vgl. § 22 Abs. 1 S. 1 ZVG). § 1121 Abs. 1 ist folglich nicht erfüllt.

---

142 BGH NJW 2006, 993, 994; vgl. auch bereits OLG Köln NJW-RR 1987, 751, 752; Palandt/Ellenberger § 98 Rn 3.

143 Vgl. MünchKomm/Lieder § 1121 Rn. 23–28.

b) Zwar wusste D zum Zeitpunkt seines Eigentumserwerbs (01.08., s.o.) nichts von dem Bestehen einer Grundschuld. Eine Enthaftung bloß wegen Gutgläubigkeit im Hinblick auf das Bestehen einer Grundschuld im Zeitpunkt des Eigentumserwerbs (ähnlich § 936 Abs. 1) kommt wegen § 1121 Abs. 2 S. 1 allerdings nicht in Betracht.

c) Nach § 1121 Abs. 2 S. 2 kann jedoch auch eine nach der Beschlagnahme erfolgte Entfernung der Gegenstände zur Enthaftung führen, wenn der Erwerber (D) in Ansehung der Beschlagnahme in gutem Glauben war.[144]

D wusste hier nicht, dass das Grundstück zwangsversteigert werden soll. Demnach kannte er auch die Beschlagnahme nicht. Auch ergaben sich für ihn insofern keinerlei Anzeichen, sodass es sich ihm auch nicht aufdrängen musste, dass das Grundstück beschlagnahmt ist.
Nach § 23 Abs. 2 S. 2 ZVG gilt die Beschlagnahme jedoch als bekannt, sobald der Versteigerungsvermerk eingetragen ist. Soweit man davon ausgeht, dass der Wortlaut der Norm auf das Verfügungsverbot des § 23 Abs. 2 S. 1 ZVG beschränkt ist, ist die Norm jedenfalls wegen derselben Interessenlage bei § 1121 Abs. 2 S. 2 analog anzuwenden.[145]
Der Versteigerungsvermerk war hier seit dem 28.08. eingetragen. Demnach galt die Beschlagnahme am 2.9. als bekannt, sodass D daher wegen § 23 Abs. 2 S. 2 ZVG bösgläubig war. Eine Enthaftung nach § 1121 scheidet mithin aus.

d) Eine Enthaftung nach § 1122 ist nicht ersichtlich. Insbesondere hebt die bloße Veräußerung noch nicht die Zubehöreigenschaft i.S.v. § 1122 Abs. 2 auf.[146]

Die Maschinen gehörten daher auch im Zeitpunkt der Versteigerung noch zum Haftungsverband. Folglich hat E nach den §§ 90, 55 Abs. 1, 20 Abs. 2 ZVG i.V.m. § 1120 Eigentum an den Maschinen erworben.

B. D ist auch unmittelbarer Besitzer der Maschinen i.S.d. § 854 Abs. 1. Ein Recht zum Besitz des D gegenüber E ist nicht ersichtlich.

E hat somit im **Ergebnis** einen Anspruch gegen D auf Herausgabe der Maschinen aus § 985, (986).

Abwandlung

Ob die Maschinen noch der Zwangsvollstreckung unterlagen, richtet sich nach den §§ 1120 ff. (s.o.).

I. Nach **§ 1120** sind die **Maschinen als Zubehör i.S.d. §§ 97, 98 Nr. 1** grundsätzlich Teil des Haftungsverbandes (s.o.).

II. Eine **Enthaftung** nach **§ 1121** ist hier mangels Veräußerung nicht eingetreten. Gleiches gilt mangels Trennung vom Grundstück für **§ 1122 Abs. 1**.

---

144 Aus dem Umkehrschluss zu § 1121 Abs. 2 S. 2 folgt, dass die Beschlagnahme ihm gegenüber dann nicht „wirksam" ist.

145 Vgl. dazu MünchKomm/Lieder § 1121 Rn. 29; Palandt/Herrler § 1121 Rn. 6 (allerdings ohne Verweis auf eine Analogie).

146 BGH NJW 1979, 2514, 2515; Palandt/Herrler § 1122 Rn. 3.

III. Es könnte aber eine **Enthaftung** nach **1122 Abs. 2** vorliegen.

Das ist der Fall, wenn die Zubehöreigenschaft der Maschinen innerhalb der Grenzen einer ordnungsgemäßen Wirtschaft vor der Beschlagnahme am 25.08.2019 aufgehoben wurde.

Ein Aufheben der Zubehöreigenschaft liegt vor, wenn die zweckdienende Funktion der Gegenstände auf Dauer aufgegeben wird.[147]

Hier dienten die Maschinen nicht mehr der Produktion von Küchenmöbeln, wofür das Gebäude auf Dauer eingerichtet war. Andererseits wäre eine Fortführung jedoch mit den Maschinen unmittelbar möglich gewesen. Insoweit bleibt die Einheit zwischen Gebäude und Maschinen erhalten. Es fragt sich daher, ob die bloße Beendigung der Nutzung der Maschinen bereits i.d.S. ausreicht.

Auf diese Frage kommt es jedoch nicht an, wenn jedenfalls das Aufheben der Zubehöreigenschaft nicht in den Grenzen einer ordnungsgemäßen Wirtschaft erfolgte, da dann die Voraussetzungen des § 1122 Abs. 2 ohnehin nicht erfüllt sind. Was noch als ordnungsgemäße Wirtschaft zu verstehen ist, muss anhand des Normzwecks der §§ 1121, 1122 konkretisiert werden. Beide Normen schützen das Interesse des Eigentümers des Grundstücks an einer sachgemäßen Nutzung des Grundstücks; dazu gehört die Möglichkeit der Verfügung über Zubehörstücke,[148] aber auch z.B. das Ersetzen von alten Zubehörstücken. Die Veränderungen sollen somit der weiteren Bewirtschaftung dienen. Dieses Interesse des Grundstückseigentümers besteht aber nach einer Betriebsstilllegung nicht mehr.[149] Denn eine Betriebsstilllegung dient gerade nicht der Bewirtschaftung des Grundstücks, sondern beendet diese. Das Aufheben der Zubehöreigenschaft wegen Betriebsstilllegung gehört daher nicht mehr zur ordnungsgemäßen Wirtschaft.[150]

Folglich sind die Voraussetzungen des § 1122 Abs. 2 (ungeachtet der o.g. Frage) nicht erfüllt.

Eine Enthaftung trat daher im **Ergebnis** nicht ein.

Die Maschinen unterlagen somit noch der Zwangsvollstreckung.

---

147 MünchKomm/Lieder § 1122 Rn. 13.

148 BGH NJW 1996, 835, 836.

149 BGH NJW 1996, 835, 836.

150 BGH NJW 1971, 1701f.; NJW 1973, 997ff.; NJW 1996, 835f.; Palandt/Herrler § 1122 Rn. 2 f.; MünchKomm/Lieder § 1122 Rn. 18; Hk-BGB/Staudinger § 1122 Rn. 2.

3. Abschnitt: Dienstbarkeiten

Fall 34: Abgrenzung von Nießbrauch, beschränkt persönlicher Dienstbarkeit und Grunddienstbarkeit

A hat sein mit einem Wohnhaus bebautes Grundstück neuerdings an B verpachtet. Der streitsüchtige Nachbar C sieht kurz nach dem Einzug des B die Gelegenheit gekommen, um nun auch mit diesem einen Nachbarschaftsstreit vom Zaun zu brechen. Dies liegt nicht zuletzt daran, dass ein als Wegerecht bezeichnetes Recht zugunsten des Grundstücks des A im Grundbuch eingetragen ist, weil A, wie jeder andere Nutzer des Grundstücks, das Grundstück nicht von einer öffentlichen Straße, sondern nur über das Grundstück des C erreichen kann. C hat keine Lust, nun auch noch ständig von B gestört zu werden, indem auch dieser sein Grundstück täglich überquert. Als B zum ersten Mal das Grundstück des C überquert, sieht dieser seine Befürchtungen bestätigt. Er will mit allen Mittel verhindern, dass B nun ständig sein Grundstück überquert und behauptet, das Wegerecht sei mittlerweile verjährt. Außerdem stünde es sowieso nur A und nicht B zu.

Kurzum untersagt C dem B das Betreten und Befahren seines Grundstücks.

Zu Recht?

C könnte gegenüber B einen Anspruch auf Unterlassung des Betretens des Grundstücks des C aus § 1004 Abs. 1 S. 2 haben.

I. Dazu müsste zunächst eine **Eigentumsbeeinträchtigung beim Anspruchsteller** vorliegen. Durch die Grundstücksüberquerung des B ist das Eigentum des C, der Eigentümer des überquerten Grundstücks ist, betroffen. Ferner müsste dies gemäß § 1004 Abs. 1 auch eine Eigentumsbeeinträchtigung bei C auslösen.

Beeinträchtigung i.d.S. ist jeder dem Inhalt des Eigentums (§ 903) widersprechende Eingriff in die rechtliche oder tatsächliche Herrschaftsmacht des Eigentümers.

Hier wird durch die Grundstücksüberquerung des B positiv in den räumlich-gegenständlichen Bereich der Sache des Eigentümers C eingegriffen, der nicht nach seinem Belieben mit seinem Grundstück verfahren und andere von der Nutzung ausschließen kann.

Somit stellt die Grundstücksüberquerung des B eine Eigentumsbeeinträchtigung des C dar.

II. Ferner müsste der **Anspruchsgegner** B nach § 1004 **Störer** sein.

Störer ist, auf wen sich die Störung kausal (äquivalent und adäquat) zurückführen lässt. Wer die Störung durch seine Handlung oder pflichtwidrige Unterlassung adäquat mitverursacht hat, ist sog. Handlungsstörer. Wenn B das Grundstück des C nicht überqueren würde, läge eine Eigentumsbeeinträchtigung des C nicht vor. Dabei liegt es nicht gänzlich außerhalb der Lebenserfahrung, dass der Eigentümer eines Grundstücks sich durch ständiges Überqueren gestört fühlt. Insofern hat B durch sein Handeln adäquat kausal die Ursache der Eigentumsbeeinträchtigung gesetzt.

Mithin ist der Anspruchsgegner B hier Handlungsstörer.

III. Ferner dürfte **keine Duldungspflicht** des C nach § 1004 Abs. 2 bestehen.

Eine solche Duldungspflicht könnte sich vorliegend aus dem als „Wegerecht" bezeichneten Recht im Grundbuch ergeben. Fraglich ist insofern, um welche Art von Recht es sich dabei handelt.

1. Beim Wegerecht könnte es sich zunächst um ein **Nießbrauchsrecht** i.S.d. §§ 1030 ff. handeln. Dazu müsste das Wegerecht dazu berechtigen, die Nutzungen aus einer Sache zu beziehen. Dies müssen grundsätzlich alle Nutzungen einer Sache sein. Zwar können gemäß § 1030 Abs. 2 einzelne Nutzungen dem Nießbrauchsrecht vorenthalten werden. Im vorliegenden Fall werden jedoch nicht nur einzelne Nutzungen i.S.v. § 1030 Abs. 2 vorenthalten; vielmehr wird von Anfang an nur eine einzige Nutzungsmöglichkeit (Überquerung) eingeräumt. Demnach handelt es sich bei dem Wegerecht nicht um ein Nießbrauchsrecht.

Dienstbarkeiten sind beschränkt dingliche Rechte an Grundstücken in der Form von Nutzungsrechten.

2. Es könnte sich aber um eine **beschränkt persönliche Dienstbarkeit** i.S.d. §§ 1090 ff. handeln. Das setzt voraus, dass eine bestimmte Nutzung (insoweit könnte sie hier noch vorliegen, vgl. §§ 1090 Abs. 1, 1010) einem bestimmten Begünstigten eingeräumt wird. Hier wird zwar die Benutzung des Weges als bestimmte Nutzung (vgl. §§ 1090 Abs. 1, 1010) ermöglicht. Das Wegerecht ist allerdings nicht nur zugunsten einer bestimmten Person bestellt worden, sondern wird jedem eingeräumt, der das Grundstück des A nutzt (vgl. „zugunsten des Grundstücks ... eingetragen"). Mithin handelt es sich nicht um eine beschränkt persönliche Dienstbarkeit.

3. In Betracht kommt jedoch eine Grunddienstbarkeit nach § 1018.

Die Verjährungseinrede des C bezieht sich auf den Anspruch des B auf Ausübung seiner Grunddienstbarkeit und sollte dort dann als rechtshemmende Einwendung gemäß § 214 Abs. 1 bei „Anspruch durchsetzbar" geprüft werden.

Die Benutzung des Grundstücks ist dabei nicht auf eine konkrete Person beschränkt, sondern bezieht sich grundsätzlich auf jede Person, sofern sie Eigentümer eines anderen, des sog. herrschenden Grundstücks ist. Es handelt sich um ein subjektiv dingliches Recht. Auch bezieht sich eine Grunddienstbarkeit gemäß §§ 1018 ff. allein auf einzelne Nutzungsarten, u.a. gemäß § 1018 Var. 1, wonach das belastete Grundstück „in einzelnen Beziehungen" benutzt werden darf.

Im vorliegenden Fall wird dem jeweiligen Eigentümer des herrschenden Grundstücks (zurzeit also dem A) ermöglicht, das Grundstück des C zu überqueren und dieses somit „in einzelnen Beziehungen" zu nutzen. Mithin liegt hier eine Grunddienstbarkeit nach § 1018 vor.

Zwar ist B (mangels Eigentümerstellung) nicht unmittelbar Berechtigter i.S.d. § 1018. Indem er als Pächter des dem A gehörenden Grundstücks hier kraft der nach § 581 Abs. 1 S. 1 die Zufahrtswege umfassenden Gebrauchsgewährung[151] das Grundstück des C zur Überquerung benutzt, nimmt B al-

151 Staudinger/Schaub § 581 Rn. 210; Palandt/Weidenkaff § 581 Rn. 7.

lerdings gerade das dem A als Eigentümer des anderen Grundstücks zustehende Wegerecht in Anspruch, sodass auch er sich gegenüber dem C auf das Wegerecht berufen kann.

Somit ergibt sich für C aus dem Wegerecht des A, das von B als Pächter in Anspruch genommen wird, eine Duldungspflicht i.S.d. § 1004 Abs. 2 bzgl. der Eigentumsbeeinträchtigung.

Der Duldungspflicht kann C auch nicht die **Einrede der Verjährung aus § 214 Abs. 1** entgegensetzen. **Eingetragene Rechte, wie die Grunddienstbarkeit nach § 1018, sind gemäß § 902 Abs. 1 S. 1 unverjährbar.** Schließlich ergibt sich der Anspruch auf Unterlassung der Beeinträchtigung der Grunddienstbarkeit direkt aus § 1004 Abs. 1 und dient der Verwirklichung des Rechts, das sich aus dem Grundbuch ergibt, sodass er nach § 902 Abs. 1 S. 1 nicht der Verjährung unterliegt.[152]

Mithin besteht eine Duldungspflicht des C nach § 1004 Abs. 2.

C hat gegenüber B daher im **Ergebnis** keinen Anspruch auf Unterlassung des Betretens seines Grundstücks aus § 1004 Abs. 1 S. 2.

---

152 BGH NJW 2011, 518, 519.

4. Abschnitt: Das dingliche Vorkaufsrecht

Fall 35: Das dingliche Vorkaufsrecht (Grundfall)

Der vermögende K interessiert sich schon lange für das mit einem herrschaftlichen Landgut bebaute Grundstück des V. Zurzeit will V das Grundstück zwar nicht verkaufen, aber einen potentiellen und solventen Käufer will er auch nicht verlieren. Daher räumt V dem K nach Abschluss eines entsprechenden schriftlichen Vertrages und gegen Zahlung von 5.000 € ein dingliches Vorkaufsrecht ein.
Über die Jahre vergisst V die Vereinbarung mit K und verkauft das Grundstück schließlich formwirksam an D. Kurz darauf lässt er es an D auf, der auch als neuer Eigentümer in das Grundbuch eingetragen wird. Als K davon per Zufall erfährt, erklärt er gegenüber V aus seinem Vorkaufsrecht vorgehen zu wollen und verlangt die Auflassung des Grundstücks an ihn.

Zu Recht?

K könnte gegenüber V einen Anspruch auf Auflassung des Grundstücks aus § 433 Abs. 1 S. 1 i.V.m. §§ 464 Abs. 2, 1098 Abs. 1 S. 1, 1094 Abs. 1 haben.

A. Anspruch entstanden

Dazu müsste K von V ein dingliches Vorkaufsrecht erworben haben, das er nach Eintritt des Vorkaufsfalls wirksam ausgeübt hat.

I. Ein **Vorkaufsrecht** könnte K von V gemäß §§ 873 Abs. 1, 1094 Abs. 1 **erworben** haben.

1. Die hierfür erforderliche **Einigung** zwischen K und V nach §§ 873 Abs. 1, 1094 Abs. 1 ist erfolgt.

Das auf die Bestellung eines dinglichen Vorkaufsrechts gerichtete Verpflichtungsgeschäft ist nach ganz h.M. gemäß § 311 b Abs. 1 S. 1 analog formbedürftig.[153]

2. Ferner müsste die Einigung auch wirksam sein.

Hier liegt insbesondere keine Formnichtigkeit gemäß § 125 S. 1 i.V.m. § 311 b Abs. 1 S. 1 analog **(str.)**[154] vor, da – selbst bei Bejahung der Analogievoraussetzungen und somit der Anerkennung des Erfordernisses einer notariellen Beurkundung – hier mit Eintragung des Vorkaufsrechtes jedenfalls Heilung gemäß § 311 b Abs. 1 S. 2 analog eingetreten ist.

Da auch keine anderweitigen Nichtigkeitsgründe ersichtlich sind, ist die Einigung somit insgesamt wirksam.

3. Darüber hinaus ist das Vorkaufsrecht, wie nach § 873 Abs. 1 erforderlich, auch im Grundbuch eingetragen worden.

153 RGZ 125, 261, 263 f.; BGH NJW-RR 1991, 205, 206 m.w.N.

154 Ob die Formvorschrift des § 311 b Abs. 1 analog auch auf das Verfügungsgeschäft nach §§ 873 Abs. 1, 1094 Abs. 1 Anwendung findet, ist umstritten. Für eine analoge Anwendung ist die Rspr.: BGH NJW-RR 1991, 205, 206; OLG Düsseldorf OLGR 2002, 62 f.; gegen die analoge Anwendung ist die Lit.: Staudinger/Schermaier § 1094 Rn. 23; MünchKomm/H.P. Westermann § 1094 Rn. 7; Palandt/Herrler § 1094 Rn. 5; Schreiber Jura 2001, 196, 200.

4. K und V waren sich im Zeitpunkt des Vollrechtserwerbes, also gemäß § 873 Abs. 1 grundsätzlich im Zeitpunkt der Eintragung, außerdem auch noch einig über den Eigentumsübergang.

5. Zudem müsste V im Zeitpunkt der Eintragung des Vorkaufrechtes zugunsten des K auch zur Bestellung des Vorkaufrechtes am Grundstück berechtigt gewesen sein.

Berechtigt zur Bestellung eines Vorkaufsrechts ist insbesondere der **verfügungsbefugte Eigentümer des Grundstücks.**[155]

V war zur Zeit der Bestellung des Vorkaufrechtes verfügungsbefugter Eigentümer des Grundstücks und somit zur Bestellung des Vorkaufrechtes zugunsten des K berechtigt.

Somit hat K von V gemäß §§ 873 Abs. 1, 1094 Abs. 1 wirksam ein Vorkaufsrecht erworben.

II. Ferner müsste der **Vorkaufsfall** gemäß §§ 1098 Abs. 1 S. 1, 463 nunmehr **eingetreten** sein.

Mit Abschluss des formwirksamen Grundstückskaufvertrages zwischen V und D gemäß §§ 433, 311 b Abs. 1 hat V, als der aus dem Vorkauf Verpflichtete, mit einem Dritten einen entsprechenden Kaufvertrag geschlossen, sodass der Vorkaufsfall gemäß §§ 1098 Abs. 1 S. 1, 463 eingetreten ist.

III. Des Weiteren müsste K sein **Vorkaufsrecht** auch gemäß §§ 1098 Abs. 1 S. 1, 464 Abs. 1, 469 Abs. 2 S. 1 wirksam **ausgeübt** haben.

Die Erklärung des Vorkaufsrechts ist gemäß §§ 1098 Abs. 1 S. 1, 464 Abs. 1 S. 2 **formfrei** möglich.

1. Die nach §§ 1098 Abs. 1 S. 1, 464 Abs. 1 erforderliche **Erklärung des Vorkaufsberechtigten** gegenüber dem Vorkaufsverpflichteten liegt vor, indem sich K an V wendet und erklärt aus seinem Vorkaufsrecht vorgehen zu wollen.

2. Ferner ist die für diese Erklärung einzuhaltende **Ausübungsfrist** von zwei Monaten gewahrt, da dem K weder von V (§§ 1098 Abs. 1 S. 1, 469 Abs. 1) noch von D (§§ 1099 Abs. 1, 469 Abs. 1) den Inhalt des Kaufvertrages (zwischen V und D) mitgeteilt wurde. K erlangte die entsprechende Kenntnis lediglich per Zufall.

Mithin hat K gegenüber V einen Anspruch auf Auflassung gemäß § 433 Abs. 1 S. 1 i.V.m. §§ 464 Abs. 2, 1098 Abs. 1 S. 1, 1094 Abs. 1.

B. Anspruch nicht untergegangen

Der Auflassungsanspruch des K könnte jedoch gemäß § 275 Abs. 1 untergegangen sein.

Das wäre dann der Fall, wenn V es rechtlich unmöglich wäre, der Verpflichtung aus § 433 Abs. 1 S. 1 i.V.m. §§ 464 Abs. 2, 1098 Abs. 1 S. 1, 1094 Abs. 1 nachzukommen, indem er durch eine Übereignung des Grundstücks an D

---

155 Palandt/Herrler § 1094 Rn. 3.

gemäß §§ 873 Abs. 1, 925 seine Stellung als verfügungsbefugter Eigentümer verloren hat.

I. V hat sein Grundstück gemäß §§ 873 Abs. 1, 925 an D aufgelassen, der sodann auch als neuer Eigentümer im Grundbuch eingetragen wurde. Ferner waren sich beide im Zeitpunkt der Auflassung einig darüber, dass D neuer Eigentümer des Grundstücks werden soll. Darüber hinaus war V als verfügungsbefugter Eigentümer auch die ganze Zeit zur Eigentumsübertragung berechtigt. Das zugunsten des K bestehende Vorkaufsrecht beschränkt weder die Verfügungsbefugnis des V noch löst es eine Grundbuchsperre aus.[156] Mithin ist D neuer Grundstückseigentümer geworden.

Das Vorkaufsrecht löst damit ab dem Zeitpunkt seines Entstehens den gleichen Schutz wie die Vormerkung aus *(vgl. Fall 22)*.

II. Jedoch ist die Verfügung, die V über sein Grundstückseigentum zugunsten des D getroffen hat, gegenüber K aufgrund des dinglichen Vorkaufsrechtes gemäß § 1098 Abs. 2 i.V.m. § 883 Abs. 2 S. 1 **relativ unwirksam**.

Folglich bleibt V zur Übertragung des Grundstückseigentums auf K weiterhin berechtigt (und nach § 433 Abs. 1 S. 1 i.V.m. §§ 464 Abs. 2, 1098 Abs. 1 S. 1, 1094 Abs. 1 verpflichtet), sodass der Auflassungsanspruch des K nicht gemäß § 275 Abs. 1 untergegangen ist.

C. Anspruch durchsetzbar

Merke:
Über Einreden muss man reden!

Ferner müsste der Auflassungsanspruch des K auch durchsetzbar sein.

Das wäre dann nicht der Fall, wenn V sich gegenüber K auf eine die Durchsetzbarkeit hemmende Einwendung (= Einrede) berufen könnte.

Beachte § 1101:
Wenn K nach § 1100 dem D den Kaufpreis, den D an V gezahlt hat, erstattet und als neuer Eigentümer eingetragen wird, wird K von seiner Verpflichtung aus § 433 Abs. 2 gegenüber V befreit und dann liegen auch die Voraussetzungen der Einrede aus §§ 320 Abs. 1, 322 nicht mehr vor.

Dem V könnte bis zur Zahlung des Kaufpreises für das Grundstück die **Einrede des nicht erfüllten Vertrages aus § 320 Abs. 1** zustehen.

Jedoch hat V die Einrede des nicht erfüllten Vertrages gegenüber K nicht erhoben, sodass hier dahinstehen kann, ob deren Voraussetzungen vorliegen. Die Einrede aus § 320 wird trotz der gegenseitigen Verknüpfung von Leistung und Gegenleistung nicht von Amts wegen berücksichtigt, sondern muss vom Schuldner geltend gemacht werden.

Demgemäß kann V sich nicht gegenüber K auf eine Einrede berufen.

Somit hat K gegenüber V im **Ergebnis** einen Anspruch auf Auflassung des Grundstücks aus § 433 Abs. 1 S. 1 i.V.m. §§ 464 Abs. 2, 1098 Abs. 1 S. 1, 1094 Abs. 1.

---

156 Palandt/Herrler § 1098 Rn. 5; Staudinger/Schermaier § 1094 Rn. 35; Soergel/Stürner § 1098 Rn. 4.

7. Teil: Das Nachbarrecht

Fall 36: Nachbarrechtliche Beseitigungs- und Ersatzansprüche (Wurzelfall)
(BGH 28.11.2003 – V ZR 99/03, BGH NJW 2004, 603)

In der ganzen Straße sind A und B als nette Nachbarn bekannt. Ihre Grundstücke liegen direkt nebeneinander, ihre freistehenden Einfamilienhäuser sind baugleich. Das gute Verhältnis wird jedoch seit einiger Zeit stark strapaziert, da die Wurzeln des Kirschbaumes des A – die im Laufe der Jahre auf das Grundstück des B hinübergewachsen waren – die Gehwegplatten des Hauseingangs des B mittlerweile hochgedrückt haben. Der Kirschbaum stand schon auf dem Grundstück des A, bevor er es erworben hatte. Die Ursache der Schäden war für beide trotz des geringen Abstands von der Grundstücksgrenze weder vorhersehbar noch erkennbar. Mittlerweile sind einige der fest einzementierten Platten gesprungen und stehen teilweise derart hoch, dass B sich schon sehr in Acht nehmen muss, um nicht auf dem Weg zu seinem Haus ins Stolpern zu geraten.

B verlangt von A die Wurzeln „seines Kirschbaumes" zu entfernen und die Gehwegplatten fachgerecht erneuern zu lassen.

Zu Recht?

A. Anspruch aus § 1004 Abs. 1 S. 1

Beachte:
§ 1004 Abs. 1 S. 1 bleibt nach h.M. neben § 910 nach Wahl des Gestörten anwendbar, um seine Rechte nicht zu beschränken.[157]

B könnte gegen A einen Anspruch auf Beseitigung der Wurzeln und auf Erneuerung der Gehwegplatten aus § 1004 Abs. 1 S. 1 haben.

I. Dazu müsste zunächst eine **Eigentumsbeeinträchtigung** i.S.d. § 1004 Abs. 1 S. 1 beim Anspruchsteller vorliegen. Erforderlich ist hierfür, dass das Grundstückseigentum des B in anderer Weise als durch Entziehung oder Vorenthaltung des Besitzes beeinträchtigt ist.

Eine solche Beeinträchtigung könnte hier zunächst darin liegen, dass die Wurzeln des Kirschbaumes auf das Grundstück des B hinübergewachsen sind.

Durch das „Hinüberwachsen" sind dann aber auch die Gehwegplatten vor dem Hauseingang hochgedrückt worden, wobei in dieser Beschädigung - für sich genommen - eine (weitere) eigenständige Eigentumsbeeinträchtigung liegen könnte.

Umstritten ist, wie weit der Begriff der Eigentumsbeeinträchtigung i.d.S. zu verstehen ist und, ob auch Schäden (hier: Beschädigung der Gehwegplatten) eine Beeinträchtigung nach § 1004 darstellen können.

1. Nach **einer Ansicht**[158] stellt jeder dem Inhalt des Eigentums widersprechende Zustand eine Eigentumsbeeinträchtigung dar, sofern er durch Ein-

157 BGHZ 60, 235, 241 f.; BGH NJW 2004, 603.

158 BGHZ 66, 37, 39; 156, 172, 175; BGH NJW 2005, 1366, 1367; Deimel JA 2001, 119, 120.

wirkungen entstanden ist, die der Eigentümer nach § 903 S. 1 von Dritten nicht hinnehmen muss.[159]

Hinüberwachsende Wurzeln beeinträchtigen einen Grundstückseigentümer in seiner Ausschließungsbefugnis aus § 903. Jeder Gegenstand ist daher bis zu seiner Entfernung allein durch seine Anwesenheit eine Quelle fortdauernder Eigentumsstörung.[160]

Die Wurzeln sind gemäß § 93 wesentliche Bestandteile des Kirschbaumes, der seinerseits gemäß § 94 Abs. 1 S. 2 als wesentlicher Grundstücksbestandteil dem A gehört, dessen Eigentum sich gemäß § 905 S. 1 auch auf das Erdreich seines Grundstücks erstreckt.

Aber auch die Schäden an den Gehwegplatten stellen nach dieser Ansicht eine (eigene) Eigentumsbeeinträchtigung i.S.d. § 1004 dar, da sie einen Zustand darstellen, der durch die o.g. und nicht von B hinzunehmende Einwirkung (Hinüberwachsen der Wurzeln) entstanden ist.

Mithin läge nach dieser Ansicht sowohl durch das Hinüberwachsen der Wurzeln als auch durch die damit einhergehende Beschädigung der Gehwegplatten eine Eigentumsbeeinträchtigung des B vor.

2. Nach **anderer Ansicht**[161] stellt nur die „Usurpation“ (= durch Gebrauch an sich reißen) des Eigentums, also der Akt der Eigentumsverletzung als solcher, eine Beeinträchtigung i.S.d. § 1004 dar, nicht aber die hierdurch bewirkten Schäden.

Dies wird zum Zwecke einer sachgerechten Abgrenzung zwischen dem verschuldensabhängigen Schadensersatzanspruch aus § 823 und dem verschuldensunabhängigen Beseitigungsanspruch aus § 1004 Abs. 1 insbesondere damit begründet, dass der Störer bereits durch den Akt des Eingriffs die Eigentümerstellung des Betroffenen mit seiner Rechtssphäre überlagere.

Mithin läge nach dieser Ansicht nur durch das Hinüberwachsen der Wurzeln als dem Ursupationsakt (als solchem) eine Eigentumsbeeinträchtigung vor. Die Beschädigung der Gehwegplatten wären hiernach aber gerade keine Eigentumsbeeinträchtigung des B.

3. Da die Ansichten zu unterschiedlichen Ergebnissen kommen, ist eine **Streitentscheidung** erforderlich. Zu folgen ist im Ergebnis der ersten Ansicht, da die Vorschrift des § 1004 die ihr zugedachte Aufgabe, zusammen mit § 985 das Eigentum und die damit verbundene Sachherrschaft in umfassender Weise zu schützen, anderenfalls nur noch unvollständig erfüllen könnte. Tatsächlich muss aber dem Eigentum auch dann Geltung verschafft werden können, wenn der Eigentümer, wie hier, an der Ausübung seiner uneingeschränkten Sachherrschaft gehindert ist, ohne dass sich der hierfür Verantwortliche irgendwelche Eigentümerbefugnisse anmaßt.

---

159 BeckOK/Fritzsche § 1004 Rn. 35.

160 BGH NJW 2005, 1366, 1367; Mertens NJW 1972, 1783, 1785.

161 Staudinger/Thole § 1004 Rn. 26 ff., 41, 47 f., 349 f.; Erman/Ebbing § 1004 Rn. 82 ff.; Gursky JZ 1996, 683, 684; Neuner JuS 2005, 385, 391.

Somit liegt eine Eigentumsbeeinträchtigung des B i.S.d. § 1004 Abs. 1 S. 1 sowohl durch das Hinüberwachsen der Wurzeln als auch durch die Beschädigung der Gehwegplatten vor.

II. Ferner müsste der Anspruchsgegner A i.S.d. § 1004 Abs. 1 S. 1 **Störer** sein.

Störer ist, auf wen sich die Störung kausal (äquivalent und adäquat) zurückführen lässt. Demnach ist Handlungsstörer, wer die Störung durch seine Handlung oder pflichtwidrige Unterlassung adäquat mitverursacht hat,[162] wobei die Umstände, aus denen sich die Verantwortlichkeit des in Anspruch Genommenen ergeben soll, vom Anspruchsteller zu beweisen sind.[163] Zustandsstörer ist der Eigentümer, Besitzer oder Verfügungsbefugte hinsichtlich einer Sache, von der eine Beeinträchtigung ausgeht, die wenigstens mittelbar auf seinen Willen zurückzuführen ist.[164]

A hat den Baum nicht selbst gepflanzt, sodass er jedenfalls nicht Handlungsstörer ist. Als Eigentümer könnte er aber Zustandsstörer sein. Fraglich ist hierbei jedoch, ob die Beeinträchtigung mittelbar auf seinen Willen zurückzuführen ist. So hat A zwar das Hinüberwachsen nicht durch das Anpflanzen des Baumes ermöglicht. Als Grundstückseigentümer ist er jedoch nach dem Rechtsgedanken der §§ 903, 910 verpflichtet, auch auf Nachbargrundstücke Rücksicht zu nehmen. Es ergibt sich somit aus der Nutzung des Grundstücks eine „Sicherungspflicht".[165] Demnach hätte A hier dafür Sorge tragen müssen, dass Wurzeln nicht auf das Nachbargrundstück überwachsen. Er ist daher als Zustandsstörer anzusehen.

III. Des Weiteren dürfte B nicht zur **Duldung** der Eigentumsbeeinträchtigung nach § 1004 Abs. 2 **verpflichtet** sein.

Mangels entgegenstehender Anhaltspunkte kommen hier keinerlei Duldungspflichten des B in Betracht; insbesondere greifen mangels Grobimmissionen die Duldungspflichten aus § 906 Abs. 1 S. 1 bzw. § 906 Abs. 2 S. 1 nicht ein und wegen der Beschädigung und des Versatzes der Gehwegplatten besteht auch keine Duldungspflicht aus § 910 Abs. 2.[166]

B ist daher nicht zur Duldung der Eigentumsbeeinträchtigung nach § 1004 Abs. 2 verpflichtet.

Im **Ergebnis** kann B von A mithin die Beseitigung der primären Beeinträchtigung nebst ihrer unmittelbaren Folgewirkungen[167] verlangen.

Das bedeutet, dass die Beseitigungspflicht des A neben der Beseitigung der Wurzeln auch die Beseitigung der Schäden, die durch das Hinüberwachsen der Wurzeln bewirkt wurden, also die Erneuerung der Gehwegplatten, umfasst.

---

162 BGHZ 49, 340, 347; 144, 200, 203; Palandt/Herrler § 1004 Rn. 16.
163 BGH NJW 2005, 1366, 1368; Staudinger/Thole § 1004 Rn. 586.
164 BGHZ 122, 283, 284; 155, 99, 105; BGH NJW 2005, 1366, 1368.
165 BGH NJW 2004, 603, 604.
166 BGH, NJW 2004, 603, 604; Lettl JuS 2005, 871, 874.
167 BGHZ 97, 231, 236 f.; BGH NW 2005, 1366, 1367 f.

Somit hat B gegen A einen Anspruch auf Beseitigung der Wurzeln und auf Erneuerung der Gehwegplatten aus § 1004 Abs. 1 S. 1.

B. Anspruch aus § 862 Abs. 1 S. 1

Darüber hinaus könnte B gegen A einen Anspruch auf Beseitigung der Wurzeln und auf Erneuerung der Gehwegplatten aus § 862 Abs. 1 S. 1 haben.

I. Hierzu müsste A den B durch **verbotene Eigenmacht i.S.d. § 858 Abs. 1** im Besitz gestört haben.

Verbotene Eigenmacht liegt nach der Legaldefinition des § 858 Abs. 1 vor, wenn dem Besitzer ohne dessen Willen der Besitz entzogen wird oder er im Besitz gestört wird, sofern nicht das Gesetz die Entziehung oder die Störung gestattet. Eine Besitzstörung in diesem Sinne ist die Beeinträchtigung des unmittelbaren Besitzes durch ausschnittsweisen Entzug der durch ihn gewährten Gebrauchs- bzw. Nutzungsmöglichkeit.[168]

Indem B in dem unmittelbaren Besitz an seinem Grundstück durch die vom Grundstück des A eindringenden Wurzeln und infolgedessen durch die beschädigten Gehwegplatten gegen seinen Willen beeinträchtigt wird, verübt A zulasten des B gemäß § 858 Abs. 1 verbotene Eigenmacht.

A hat den B also durch verbotene Eigenmacht im Besitz gestört.

II. Des Weiteren muss die Besitzstörung des B im Hinblick darauf, dass sie (nur) durch ihre Abstellung für die Zukunft beseitigt werden kann, auch noch **fortdauern**.[169]

Die Wurzeln befinden sich immer noch in dem zum Grundstück des B gehörenden Erdreich und würden infolge ihrer natürlichen Entwicklung stets weiterwachsen, sodass die Störung auch noch i.S.v. § 862 fortdauert.

Die Rechtsposition des Besitzers kann nicht stärker sein als die des Eigentümers. Daher ist auch hier § 1004 Abs. 2 zu prüfen!

III. Ferner dürfte **analog zu § 1004 Abs. 2 keine Duldungspflicht** für den Besitzer bestehen. Insoweit kann hier auf die Erörterungen unter A., III. verwiesen werden; mithin besteht keine Duldungspflicht des B.

IV. Auch dürfte der Anspruch nicht nach **§ 862 Abs. 2** ausgeschlossen sein.

Das ist dann der Fall, wenn der Besitzer dem Störer oder dessen Rechtsvorgänger gegenüber fehlerhaft besitzt und der Besitz in dem letzten Jahr vor der Störung erlangt worden ist.

Hier besitzt B weder dem Störer A oder dessen Rechtsvorgänger gegenüber fehlerhaft i.S.d. § 862 Abs. 2 noch ist seit der Verübung der verbotenen Eigenmacht gemäß § 864 Abs. 1 mehr als ein Jahr vergangen, da die Frist erst mit Abschluss der Störungshandlung beginnt und die Wurzeln derzeit noch weiterwachsen.

Der Beseitigungsbegriff des § 862 Abs. 1 entspricht dem des § 1004 Abs. 1.

Somit ist der Anspruch nicht nach § 862 Abs. 2 ausgeschlossen.

Im **Ergebnis** ist A demnach gemäß § 862 Abs. 1 S. 1 verpflichtet, die Besitzstörung bei B zu beseitigen. Diese Beseitigungspflicht ist – genauso wie

---

168 Palandt/Herrler § 862 Rn. 2.

169 BGHZ 28, 110, 113; BGH NW 2005, 1366, 1367.

§ 1004 Abs. 1 S. 1 (s.o. unter A.) – darauf gerichtet, die Wurzeln des Kirschbaumes zu beseitigen und die Schäden an den Gehwegplatten auszubessern.

Mithin hat B gegen A einen Anspruch auf Beseitigung der Wurzeln und auf Erneuerung der Gehwegplatten aus § 862 Abs. 1 S. 1.

C. Anspruch aus § 823 Abs. 1

Darüber hinaus könnte sich ein Anspruch des B gegenüber A auf Beseitigung der Wurzeln und auf Erneuerung der Gehwegplatten aus § 823 Abs. 1 ergeben.

I. Die dafür erforderliche Rechtsgutverletzung des B ist hier in Form einer Eigentumsverletzung durch Einwirkung auf sein Grundstück gegeben. Der Wurzelüberwuchs hindert den B daran, mit seinem Grundstück nach seinem Wunsch zu verfahren (vgl. §§ 903, 905).

II. Ferner müsste die Eigentumsverletzung auf ein Verhalten zurückzuführen sein, das dem Anspruchsgegner A zurechenbar ist.

In Betracht kommt ein Unterlassen des A hinsichtlich einer ihm obliegenden Verkehrssicherungspflicht. Zwar hat A als Eigentümer des Kirschbaumes die Pflicht, im Rahmen seiner Möglichkeiten dafür zu sorgen, dass von dem Baum keine Gefahren für andere ausgehen.[170] Daher ist der Eigentümer eines Grundstücks auch für das natürliche Wurzelwachstum verantwortlich und demgemäß trifft ihn die Pflicht darauf zu achten, dass Baumwurzeln nicht über seine Grundstücksgrenze hinauswachsen.[171]

Die Gefahr des Wurzelüberwuchses war für beide aber weder vorhersehbar noch erkennbar und daher bestanden auch keine konkreten Anhaltspunkte für eine Schädigung, die folgerichtig eine konkrete Handlungspflicht des A bedingt. Mangels Verletzung der o.g. Sicherungspflichten ist das Eigentum des B daher nicht durch eine dem A zurechenbare Unterlassung verletzt worden.

Somit besteht im **Ergebnis** auch kein Anspruch des B gegen A auf Beseitigung der Wurzeln und auf Erneuerung der Gehwegplatten aus § 823 Abs. 1.

D. Anspruch aus § 823 Abs. 2 i.V.m. § 1004 Abs. 1 S. 1

Des Weiteren kommt auch ein Anspruch des B gegenüber A auf Beseitigung der Wurzeln und auf Erneuerung der Gehwegplatten aus § 823 Abs. 2 i.V.m. § 1004 Abs. 1 S. 1 nicht in Betracht.

Zwar ist § 1004 Abs. 1 S. 1 ein Schutzgesetz i.S.d. § 823 Abs. 2,[172] aber mangels schuldhafter (= vorsätzlicher oder fahrlässiger) Verletzung des A gemäß § 823 Abs. 2 S. 2, der wegen des doch recht großen Abstands von der Grundstücksgrenze weder erkannte noch erkennen konnte (s.o. unter C.), dass ihm aus § 1004 Abs. 1 S. 1 eine Beseitigungspflicht oblag, liegen die Tatbestandsvoraussetzungen des Anspruchs aus § 823 Abs. 2 i.V.m. § 1004 Abs. 1 S. 1 nicht vor.

---

170 BGH NJW 2003, 1732, 1733; BGH NJW 2004, 603, 604.
171 BGH NJW 2004, 603, 604.
172 BGHZ 104, 6, 16; Palandt/Herrler § 1004 Rn. 49; Staudinger/Roth § 906 Rn. 56.

Der nachbarrechtliche Ausgleichsanspruch gemäß § 906 Abs. 2 S. 2 (analog) wird ausführlich in Fall 39 behandelt.

E. Anspruch aus § 906 Abs. 2 S. 2 analog

Jedoch könnte B gegen A einen Anspruch auf Beseitigung der Wurzeln und auf Erneuerung der Gehwegplatten aus § 906 Abs. 2 S. 2 analog (nachbarrechtlicher Ausgleichsanspruch) haben.

Die Voraussetzungen des verschuldensunabhängigen nachbarrechtlichen Ausgleichsanspruches aus § 906 Abs. 2 S. 2 analog sind mit Blick darauf, dass von dem Grundstück des A im Rahmen seiner privatwirtschaftlichen Nutzung auf das Grundstück des B Einwirkungen in Form von grenzüberschreitenden Baumwurzeln ausgehen, die das zumutbare Maß einer entschädigungslos hinzunehmenden Beeinträchtigung übersteigen und die der Eigentümer B zwar nicht zu dulden braucht, er aber aus besonderen Gründen gehindert war, die Einwirkungen gemäß § 1004 Abs. 1 S. 1 rechtzeitig zu verhindern,[173] dem Grunde nach gegeben. Aber zum einen ist die analoge Anwendung des § 906 Abs. 2 S. 2 nicht angezeigt, wenn der Eigentümer nach § 1004 Abs. 1 S. 1 und nach § 862 Abs. 1 S. 1 Ersatz zu erlangen vermag[174] (s.o. unter A. und B.) und zum anderen gewährt dieser Ausgleichsanspruch auch nur einen angemessenen Ausgleich in Geld.[175]

Das Begehren des B ist vorliegend aber darauf gerichtet, dass A die Wurzeln des Kirschbaumes entfernt und die Gehwegplatten fachgerecht erneuern lässt.

Mithin hat B gegen A keinen Anspruch auf Beseitigung der Wurzeln und auf Erneuerung der Gehwegplatten aus § 906 Abs. 2 S. 1 analog.

173 Vgl. BGH NJW 2004, 603, 604; BGH NJW 2008, 992, 993; Erman/R. Wilhelmi § 906 Rn. 43.
174 Vgl. BGHZ 155, 99, 101 f.; BGH NJW 2008, 992, 993.
175 Vgl. BGH RÜ 2009, 759; Palandt/Herrler § 906 Rn. 27, 29.

Fall 37: Kein Schmerzensgeld im Nachbarrecht
(BGH 23.07.2010 – V ZR 142/09, BGH NJW 2010, 3160 = RÜ 2010, 689)

Bereits mehr als 30 Jahre wohnt Oma O in ihrem Einfamilienhaus neben dem Zechengelände der Zeche Z im Ruhrgebiet. Durch den stetigen Ausbau des Steinkohlebergbaus kommt es in der Umgebung rund um den Wohnort der O immer wieder zu Erderschütterungen. Daran hat sich O gewöhnt. Da immer mehr Zechen im Ruhrgebiet schließen müssen, die Z aber sehr profitabel arbeitet, werden auf Grundlage rechtmäßiger behördlicher Genehmigungen neue Flöze für den Abbau im Bereich der Z erschlossen. Dadurch kommt es unter dem Grundstück der O seit 2011 zu erheblichen Erschütterungen, die zu einer wesentlichen und unzumutbaren Beeinträchtigung der O in Form von psychosomatischen Beschwerden, wie Schlaflosigkeit und ständigen Angstzuständen in Erwartung weiterer Beben, führen. Als Ausgleich dafür und um endlich ihren „Lebensabend" in Ruhe verbringen zu können, verlangt O Anfang 2020 von Z ein angemessenes Schmerzensgeld. Z wendet zutreffend ein, dass es ihr wirtschaftlich unzumutbar ist, die Beeinträchtigungen der O durch geeignete Maßnahmen zu verhindern. Daher ist Z der Ansicht, dass die Beeinträchtigungen der O von ihr auch nicht durch Zahlung eines Schmerzensgeldes auszugleichen seien.

Zu Recht?

Bearbeitervermerk: Schmerzensgeldansprüche nach den Vorschriften über die Bergschadenhaftung (§§ 114 ff. BBergG) sind nicht zu prüfen.

A. Anspruch aus § 823 Abs. 1 i.V.m. § 253 Abs. 2

O könnte gegen Z einen Anspruch auf Zahlung eines angemessenen Schmerzensgeldes aus § 823 Abs. 1 i.V.m. § 253 Abs. 2 haben.

Dazu müsste der **haftungsbegründende Tatbestand** des § 823 Abs. 1 erfüllt sein.

I. Erforderlich ist hierfür zunächst, dass ein Recht bzw. Rechtsgut i.S.d. § 823 Abs. 1 verletzt wurde.

Infolge der sich körperlich wie geistig auswirkenden psychosomatischen Beschwerden der O liegt eine **Körper- und Gesundheitsverletzung** nach § 823 Abs. 1 vor.

II. Die Körper- und Gesundheitsverletzung der O müsste außerdem auf ein **Verhalten** zurückzuführen sein, **das Z zurechenbar ist**.

Durch die von Z vorgenommene Erweiterung des Steinkohlebergbaus unter dem Grundstück der O ist es zu erheblichen Erschütterungen gekommen, deren kausale Folge die wesentliche und unzumutbare Beeinträchtigung der O in Form von psychosomatischen Beschwerden war.

Somit ist die Körper- und Gesundheitsverletzung der O auf ein positives Tun, das Z zurechenbar ist, zurückzuführen.

III. Des Weiteren müsste das Verhalten der Z auch **widerrechtlich** gewesen sein.

Dies ist dann der Fall, wenn es für das Verhalten keinen Rechtfertigungsgrund gibt und es damit – objektiv gesehen – entgegen der Rechtsordnung vorgenommen worden ist.

Geht es, wie hier, um das Verhältnis zwischen Grundstücksnachbarn, so sind die nachbarrechtlichen **Sonderbestimmungen der §§ 906 ff.** in dem davon erfassten Regelungsbereich maßgebend dafür, ob die von dem einen auf das andere Grundstück ausgehenden Einwirkungen rechtswidrig sind; diese Bestimmungen entscheiden deshalb auch darüber, ob das deliktische Verhalten widerrechtlich gewesen ist oder nicht.[176]

Danach ergibt sich für O eine **Duldungspflicht** entweder aus § 906 Abs. 1 S. 1, wenn die Erschütterungen die Benutzung des von ihr bewohnten Grundstücks unwesentlich beeinträchtigt haben, oder aus § 906 Abs. 2 S. 1, wenn die Beeinträchtigung zwar wesentlich war, aber durch die ortsübliche Benutzung des emittierenden Grundstücks herbeigeführt wurde und nicht durch wirtschaftlich zumutbare Maßnahmen verhindert werden konnte.

1. Zwar handelt es sich bei den hier vorliegenden Erschütterungen um wesentliche Beeinträchtigungen, sodass eine Duldungspflicht gemäß § 906 Abs. 1 S. 1 nicht in Betracht kommt.

2. Eine Zeche stellt allerdings einen Großbetrieb dar, der schon für sich genommen den Gebietscharakter prägt, sodass die Nutzung des Grundstücks der Z bereits deswegen ortsüblich ist.[177] Mit Blick darauf, dass Z hier außerdem zutreffend eingewandt hat, dass es ihr wirtschaftlich unzumutbar ist, die wesentlichen Beeinträchtigungen der O durch geeignete Maßnahmen zu verhindern, ist O zur Duldung der Einwirkungen nach § 906 Abs. 2 S. 1 verpflichtet.

Mithin ist das Verhalten der Z objektiv von der Rechtsordnung gedeckt und damit gerechtfertigt.

Im **Ergebnis** hat O gegen Z somit keinen Anspruch auf Zahlung eines angemessenen Schmerzensgeldes aus § 823 Abs. 1 i.V.m. § 253 Abs. 2.

B. Anspruch aus § 906 Abs. 2 S. 2

Jedoch könnte O gegen Z einen auf Zahlung eines angemessenen Schmerzensgeldes gerichteten nachbarrechtlichen Ausgleichsanspruch aus § 906 Abs. 2 S. 2 haben.

I. Dazu müssten zunächst die **Voraussetzungen** des nachbarrechtlichen Ausgleichsanspruches aus § 906 Abs. 2 S. 2 gegeben sein.

1. Erforderlich hierfür ist zunächst, dass **Anspruchstellerin** O **Eigentümerin oder Besitzerin eines Grundstücks** ist. O bewohnt hier ein mit ei-

---

176 BGHZ 90, 255, 257 f.; BGH RÜ 2010, 689.

177 Vgl. BeckOK/Fritzsche § 906 Rn. 63 m.w.N.

nem Einfamilienhaus bebautes Grundstück und ist mangels entgegenstehender Anhaltspunkte (wohl) auch Eigentümerin des Grundstücks.

2. Ferner müsste die Zeche Z als **Anspruchsgegnerin** die **Benutzerin des (emittierenden) Nachbargrundstücks** sein. Das Zechengelände der Z liegt neben dem Grundstück der O, sodass Z Nachbarin der O ist.

3. Des Weiteren müsste eine **wesentliche Beeinträchtigung** des Grundstücks der O vorliegen.

Zu Beeinträchtigungen i.S.d. § 906 Abs. 2 S. 2 gehören auch Erschütterungen des Erdreichs, die durch untertägigen Bergbau, im Verhältnis zwischen dem beeinträchtigten Eigentümer und der bergbauberechtigten Zeche hervorgerufen werden (vgl. § 906 Abs. 1 S. 1: „Erschütterungen").[178]

Durch die entsprechend den behördlichen Genehmigungen erfolgte Ausweitung des Steinkohlebergbaus kommt es seit 2008 auf dem Grundstück der O zu erheblichen Erschütterungen, die zu einer wesentlichen und unzumutbaren Beeinträchtigung der O führen und, wie bereits dargestellt, eine Körper- und Gesundheitsverletzung bei ihr verursacht haben.

Somit liegt eine wesentliche Beeinträchtigung i.S.d. § 906 Abs. 2 S. 2 vor.

4. Ferner müsste O **zur Duldung** dieser unzumutbaren Beeinträchtigung **gemäß § 906 Abs. 2 S. 1 verpflichtet** gewesen sein. Dies ist, wie zuvor bereits dargestellt (s.o. A., III., 2.), der Fall.

Mithin liegen die Voraussetzungen eines nachbarrechtlichen Ausgleichsanspruches zugunsten der O gegenüber der Z aus § 906 Abs. 2 S. 2 vor.

II. Das bedeutet, dass die beeinträchtigte Grundstückseigentümerin O gegen Z als Eigentümerin des emittierenden Grundstücks anstelle des durch die Duldungspflicht nach § 906 Abs. 2 S. 1 ausgeschlossenen Abwehranspruchs einen **verschuldensunabhängigen Entschädigungsanspruch aus § 906 Abs. 2 S. 2** erhält.

Umstritten ist jedoch, ob von der Rechtsfolge des § 906 Abs. 2 S. 2 auch eine billige Entschädigung in Geld (in Form von **Schmerzensgeld** nach § 253 Abs. 2) erfasst wird.

1. Nach einer in der **Lit.** vereinzelt vertretenen Auffassung[179] wird ein Schmerzensgeldanspruch auf der Grundlage von § 906 Abs. 2 S. 2 i.V.m. § 253 Abs. 2 bejaht. Dies wird vor allem damit begründet, dass man so einen vollen Schadensausgleich erzielen und damit die dem Eigentümer auferlegte Duldungspflicht vollständig abgelten könne.

Nach dieser Auffassung könnte O folglich von Z die Zahlung eines angemessenen Schmerzensgeldes verlangen.

2. Nach Auffassung in der übrigen **Lit.**[180] und vor allem in der **Rspr.**[181] ergibt sich aus § 906 Abs. 2 S. 2 jedoch kein Schmerzensgeldanspruch. Dies

---

178 BGHZ 178, 90; BGH RÜ 2010, 689, 690; Palandt/Herrler § 906 Rn. 10.

179 BeckOK/Spindler § 253 Rn. 10; Däubler JuS 2002, 625, 626 f.

180 Palandt/Herrler § 906 Rn. 29; MünchKomm/Brückner § 906 Rn. 189; Langgartner/Reidel in Heussen/Hamm, Rechtsanwaltshandbuch, § 21 Rn. 17.

181 BGHZ 142, 66, 70; BGH RÜ 2010, 689, 691.

wird u.a. damit begründet, dass der Ausgleichsanspruch ungeachtet des Umstands, dass die auf seiner Grundlage zu zahlende Entschädigung im Einzelfall die Höhe des vollen Schadensersatzes erreichen kann, eben kein Schadensersatzanspruch sei. Aber gerade dies sei nach § 253 Abs. 2 die Voraussetzung für die Verpflichtung des Schädigers zur Zahlung von Schmerzensgeld. Da § 253 Abs. 2, wie der Umkehrschluss aus § 253 Abs. 1 ergebe, nicht analogiefähig sei, könne mithin ein Schaden, der nicht Vermögensschaden ist, eben nur in den gesetzlich bestimmten Fällen (§ 253 Abs. 1) oder im Rahmen von Schadensersatzansprüchen (§ 253 Abs. 2) gefordert werden.

Mithin könnte O von Z hiernach nicht die Zahlung eines angemessenen Schmerzensgeldes verlangen.

Beachte:
Der Ausgleichsanspruch des § 906 Abs. 2 S. 2 soll verschuldensunabhängig eine Entschädigung zum Zwecke des Ausgleichs vermögenswerter Nachteile gewähren, die ihre Ursache in der Eigentums- oder Besitzstörung haben. Ein Ersatz immaterieller Schäden nach § 253 wird hiervon nach h.M. aber nicht umfasst.

3. Da beide Ansichten zu unterschiedlichen Ergebnissen führen, ist eine **Streitentscheidung** erforderlich. Die überzeugenderen Argumente sprechen hier für die zweite Ansicht. Dies bestätigt zum einen die systematische Stellung des § 253 im Bereich der Rechtsfolgen (§§ 249 ff.) von Schadensersatzansprüchen, die stets ein vom Gesetzgeber angeordnetes Verschulden voraussetzen, sofern es sich nicht um die abschließend geregelten Fälle der verschuldensunabhängigen Gefährdungshaftung handelt, für die der Gesetzgeber jedoch regelmäßig Haftungsobergrenzen vorsieht. Zum anderen unterscheidet sich ein Ausgleichsanspruch von einem Schadensersatzanspruch gerade darin, dass die Entschädigung, die die durch die zu duldende Einwirkung eingetretene Vermögenseinbuße beseitigen soll, während der Schadensersatz der Wiederherstellung des Zustands dient, der ohne das schädigende Ereignis bestünde. Dies führt letztlich auch beim Beseitigungs- und Unterlassungsanspruch aus § 1004 Abs. 1 (analog) dazu, dass man direkt aus § 1004 Abs. 1 (analog) weder Schadensersatz noch Schmerzensgeld verlangen kann, sondern nur über das Deliktsrecht nach § 823 Abs. 1 und Abs. 2.[182]

Somit steht O zwar ein verschuldensunabhängiger Entschädigungsanspruch aus § 906 Abs. 2 S. 2 zu. Dieser umfasst aber nicht auch den Ersatz immaterieller Schäden.

Folglich hat O gegen Z keinen auf die Zahlung eines angemessenen Schmerzensgeldes gerichteten nachbarrechtlichen Ausgleichsanspruch aus § 906 Abs. 2 S. 2.

182 Palandt/Herrler § 1004 Rn. 49; BeckOK/Fritzsche § 1004 Rn. 63 ff.; Lettl JuS 2005, 871.

Fall 38: Duldungspflichten des Grundstückseigentümers aufgrund eines nachbarlichen Gemeinschaftsverhältnisses

Der frivole F hat ein Auge auf seine schöne Nachbarin N geworfen. Um die Gewohnheiten der N besser ausspionieren zu können, lässt er – angeblich zum Schutz vor Einbrechern – Überwachungskameras auf seinem Grundstück installieren. Die Kameras nehmen zwar vornehmlich sein Grundstück, aber eben auch Teilausschnitte des Grundstücks der N auf. N, die das Verhalten des F bereits durchschaut hatte, fühlt sich beobachtet und befürchtet eine dauerhafte Überwachung. Sie ist daher nicht gewillt, dem Treiben ihres Nachbarn tatenlos zuzusehen.

Kann N von F verlangen, dass er alle Videoaufnahmen, die ihr Grundstück betreffen, künftig unterlässt?

N könnte gegenüber F einen Anspruch auf Unterlassung der Videoaufnahmen aus **§ 1004 Abs. 1 S. 2** haben.

I. Dann müsste zunächst eine **Rechtsgutbeeinträchtigung** bei der Anspruchstellerin N vorliegen.

Ein vertraglicher oder vertragsähnlicher Anspruch kommt nicht in Betracht. Das **nachbarliche Gemeinschaftsverhältnis** impliziert nur Duldungs- bzw. Ausgleichspflichten, aber keine sonstigen Leistungspflichten.

Hier kommt eine Eigentumsbeeinträchtigung der N in Betracht.

N ist Eigentümerin des von den Videoaufnahmen betroffenen Grundstücks und müsste demgemäß durch die Videoaufnahmen in ihrem Grundstückseigentum beeinträchtigt sein.

Unter einer Beeinträchtigung i.d.S. ist jeder dem Inhalt des Eigentums (§ 903) widersprechende Eingriff in die rechtliche oder tatsächliche Herrschaftsmacht des Eigentümers zu verstehen.[183]

Zwar geht es bei Videoaufnahmen nicht primär darum, das Eigentum an dem (rein zufällig betroffenen) Nachbargrundstück zu beeinträchtigen, sodass auch die Nutzungs- oder Verfügungsbefugnisse, die das Eigentum vermittelt, als solche nicht beeinträchtigt werden.[184] Dennoch kann die persönliche Selbstentfaltung des Eigentümers durch die Videoüberwachung gestört werden. Daraus ergibt sich, dass im Fall von Videoaufnahmen mit Blick auf § 903 ein hinreichender Bezug zum Eigentum bei privat genutzten Immobilien hergestellt werden kann und man sich in der durch das Eigentum vermittelten Privatsphäre nicht mehr ungezwungen aufhält, wenn man unter Beobachtung steht **(„Überwachungsdruck")**.[185]

Die Befürchtung, durch vorhandene Überwachungsgeräte überwacht zu werden, stellt demgemäß jedenfalls dann eine Grundstückbeeinträchtigung dar, wenn sie aufgrund konkreter Umstände als nachvollziehbar und verständlich erscheint,[186] etwa im Hinblick auf einen eskalierenden Nachbarstreit.[187]

---

183 Zur Reichweite siehe BGH RÜ 2013, 425 m. Anm. Schmidt JuS 2013, 939, 940.
184 Vgl. BGH NJW 1971, 1359; BGH NJW 1989, 2251, 2253.
185 BGH NJW 2010, 1533, 1534; Palandt/Herrler § 903 Rn. 10.
186 BGH NJW 2010, 1533, 1534.
187 OLG Köln NJW 2009, 1827.

Eine Beeinträchtigung des Grundstücks der N durch die Videoaufnahmen könnte hier also insbesondere im Hinblick auf die Befürchtungen der N und zur Vermeidung eines eskalierenden Nachbarschaftsstreits zu erkennen sein. Dafür spricht auch, dass ansonsten die tatsächliche Nutzung des Grundstücks durch N faktisch be- bzw. verhindert würde. Zudem wäre es widersprüchlich, dem Eigentümer durch § 903 einen umfassenden Eigentumsschutz zu eröffnen, um ihn auf der anderen Seite bei zielgerichteten Verletzungen auf andere Rechtsgüter zu verweisen.

Somit stellen die Videoaufnahmen eine Beeinträchtigung des Grundstücks der N und folglich eine Eigentumsbeeinträchtigung dar.

II. Ferner müsste der **Anspruchsgegner** F **Störer** sein.

Störer ist, auf wen sich die Störung kausal (äquivalent und adäquat) zurückführen lässt.

F nimmt von seinem Grundstück aus mit seinen Überwachungskameras das Grundstück der N in Teilbereichen auf und stellt damit die Videoaufnahmen her. Folglich ist F Handlungsstörer.

III. Ferner dürfte der Anspruch nicht wegen bestehender **Duldungspflichten** der N nach § 1004 Abs. 2 ausgeschlossen sein.

1. Hier könnte sich eine solche Duldungspflicht für N aus § 906 ergeben.

Dann müssten die Videoaufnahmen unwägbare Stoffe oder ähnliche Einwirkungen i.S.v. § 906 darstellen. Unter § 906 fallen ohne Beschränkung auf unwägbare Stoffe grenzüberschreitende Einwirkungen, die in ihrer Ausbreitung weitgehend unkontrollierbar und unbeherrschbar sind.[188] Letztlich muss es sich aber auch bei den ähnlichen Einwirkungen um Grenzüberschreitungen mit gesundheitsschädigender oder sachschädigender Wirkung handeln.[189]

Die Videoaufnahmen des F stellen jedoch weder unwägbare Stoffe i.S.d. § 906 noch Grenzüberschreitungen mit gesundheitsschädigender oder sachschädigender Wirkung und damit auch keine ähnlichen Einwirkungen i.S.d. § 906 dar. Mithin besteht für N keine gesetzlich geregelte Duldungspflicht nach § 906.

2. Andere gesetzliche Regelungen, aus denen sich eine Duldungspflicht für N ergeben könnte, sind nicht ersichtlich.

Das nachbarliche Gemeinschaftsverhältnis (Ausprägung von § 242) stellt eine subsidiäre Duldungspflicht dar, die dann eingreift, wenn die im BGB geregelten Tatbestände des Nachbarrechts (z.B. § 906, § 917) nicht einschlägig sind.

3. Jedoch könnte sich für N aus dem sog. **nachbarlichen Gemeinschaftsverhältnis** eine Duldungspflicht ergeben.

Das nachbarliche Gemeinschaftsverhältnis erfordert für den besonderen Bereich des notwendigen Zusammenlebens von Grundstücksnachbarn gegenseitige Rücksichtnahme und führt mitunter durch ein Hinausgehen über die Regelungen des Nachbarrechts zu einem gerechten Ausgleich der widerstreitenden Interessen.

188 BGH NJW 1992, 1389; Palandt/Herrler § 906 Rn. 6.

189 BGHZ 51, 396, 397 ff.; Palandt/Herrler § 906 Rn. 6.

Vorliegend ist der Eingriff des F in die nachbarliche Privatsphäre der N besonders massiv und darüber hinaus auch von keinem sachlichen Zweck bzw. berechtigten Interesse gedeckt, sodass von N eine gesteigerte nachbarliche Rücksichtnahme- und Duldungspflicht nicht verlangt werden kann. Schließlich haben die Videoaufnahmen des F keinerlei Überwachungsintention, sondern dienen lediglich dem Ausspionieren der N.

Mithin ergibt sich auch aus dem **nachbarlichen Gemeinschaftsverhältnis** keine Duldungspflicht der N.

Mangels Bestehens einer Duldungspflicht ist der Unterlassungsanspruch somit nicht gemäß § 1004 Abs. 2 ausgeschlossen.

IV. Die darüber hinaus erforderliche **Wiederholungsgefahr** ist hier wegen der bereits erfolgten Videoüberwachung zu vermuten, wobei an deren Widerlegung durch den Störer ohnehin hohe Anforderungen zu stellen sind.[191]

Trotz des Wortlauts („weitere") genügt auch eine erstmals drohende Beeinträchtigung für § 1004 Abs. 1 S. 2 (sog. **vorbeugender Unterlassungsanspruch**).[190]

Im **Ergebnis** besteht folglich ein Unterlassungsanspruch von N gegenüber F aus § 1004 Abs. 1 S. 2.

190 Schreiber Jura 2013, 111, 117.
191 Vgl. BGHZ 140, 1, 10 f.; BGH NJW 2004, 1035.

Fall 39: Nachbarrechtlicher Ausgleichsanspruch nach § 906 Abs. 2 S. 2 analog

E ist Eigentümer eines Grundstücks, das er gemeinsam mit seiner Familie bewohnt. Die einst idyllische Ruhe wird neuerdings aber von einem Streit mit N, dessen Hausgrundstück direkt an das des E angrenzt, gestört. Auf dem Grundstück des N stehen mehrere große Bäume, die allerdings nicht von N selbst gepflanzt wurden, sondern bereits dort standen, als er das Grundstück erwarb. Die Bäume stehen dabei so dicht an der Grundstücksgrenze zu E, dass die nach Landesnachbarrecht erforderlichen Abstände unterschritten werden. E hatte dies – der guten Nachbarschaft wegen – bis Ende 2019 hingenommen.

Aufgrund des rasanten Wachstums der Bäume ärgert sich E jedoch seit Februar 2020 zunehmend darüber, dass in erheblichem Maße Laub von den Bäumen auf sein Grundstück fällt und er deshalb vermehrt und aufwendig die Dachrinnen seines Hauses und die Abläufe in seinem Garten reinigen muss. E hält daraufhin Rücksprache mit seinem Anwalt R. Dieser erläutert ihm, dass man von N nach so langer Zeit nicht mehr Beseitigung der Bäume verlangen könne, da – was zutrifft – die nach Landesnachbarrecht für dieses Verlangen bestimmte Frist bereits verstrichen sei.

Auf Anraten des R verlangt E daher von N nunmehr Ersatz für den finanziellen Aufwand, der ihm durch den erhöhten Reinigungsaufwand wegen des Laubbefalls entsteht.

Zu Recht?

Abwandlung:

Ändert sich etwas, wenn N – von E auf dessen Beeinträchtigung angesprochen – zwar liebend gerne die Bäume fällen würde, ihm von der zuständigen Stadt jedoch trotz entsprechenden Antrags die erforderliche Genehmigung sowohl für die Fällung als auch für einen Rückschnitt der Bäume verweigert wird?

Ausgangsfall

A. Anspruch aus § 906 Abs. 2 S. 2

Dem E könnte gegen N ein Anspruch auf Ausgleich des finanziellen Aufwands gemäß § 906 Abs. 2 S. 2 zustehen.

I. Erforderlich hierfür ist zunächst, dass **Anspruchsteller** E **Eigentümer oder Besitzer eines Grundstücks ist.** Hier bewohnt E gemeinsam mit seiner Familie das gegenständliche Grundstück, welches auch in seinem Eigentum steht. Er ist daher insofern aktivlegitimiert.

II. N ist als **Anspruchsgegner** auch **Benutzer des (emittierenden) Nachbargrundstücks.**

III. Ferner müsste eine **wesentliche Beeinträchtigung des Grundstücks des E** vorliegen.

Hinsichtlich der möglichen Beeinträchtigungsformen kann dabei aus systematischen Gründen auf § 906 Abs. 1 S. 1 zurückgegriffen werden. Zwar liegt hier keine der in § 906 Abs. 1 S. 1 ausdrücklich genannten Beeinträchtigungsarten vor. Das ständige Überfallen von Laub auf das Nachbargrundstück ist allerdings nach der Verkehrsauffassung beispielsweise mit der im Gesetz genannten Beeinträchtigung durch Ruß vergleichbar und stellt somit eine ähnliche Beeinträchtigung i.d.S. dar.[192]

Diese Beeinträchtigung ist darüber hinaus auch wesentlich, wenn sich die Auswirkungen nicht mehr im Rahmen dessen halten, was als „sozialadäquate" Belästigung insbesondere im nachbarlichen Gemeinschaftsverhältnis üblicherweise hinzunehmen ist.[193] Zwar könnte gewöhnlicher Laubfall bis zu einem bestimmten Grad unter Berücksichtigung der Verkehrsanschauung noch als gewöhnliche Belästigung anzusehen sein. Die Grenze zu einer wesentlichen Beeinträchtigung ist aber jedenfalls dann überschritten, wenn der Laubfall über das gewöhnliche Maß hinausgeht und dies dazu führt, dass die Dachrinnen und Abläufe häufiger als üblich gereinigt werden müssten.[194] Genau dies ist hier der Fall.

Mithin liegt eine wesentliche Beeinträchtigung vor.

IV. Des Weiteren ist erforderlich, dass E als Anspruchsteller **nach § 906 Abs. 2 S. 1 zur Duldung verpflichtet** ist. Dies ist der Fall, wenn sich die wesentliche Beeinträchtigung aus einer ortsüblichen Benutzung des Nachbargrundstücks ergibt und außerdem nicht auf wirtschaftlich zumutbare Art und Weise verhinderbar ist.

Ortsüblich ist eine Benutzung allerdings nur dann, wenn in dem betreffenden Bezirk eine Mehrheit von Grundstücken in einem Maße genutzt wird, aus dem sich einigermaßen gleich beeinträchtigende Wirkungen auf andere Grundstücke ergeben.[195] Dem steht hier indes jedoch bereits entscheidend entgegen, dass der vorgeschriebene Grenzabstand nicht eingehalten worden ist; die öffentlich-rechtliche Rechtswidrigkeit einer Benutzung ist jedenfalls ein starkes Indiz dafür, dass diese nicht mehr als ortsüblich angesehen werden kann.[196] Diese Indizwirkung wurde hier nicht widerlegt. Darauf, dass E wegen des Ablaufs einer Ausschlussfrist gegen diese rechtswidrige Nutzung selbst nicht mehr vorgehen kann, kommt es i.R.d. Ortsüblichkeit nicht an.
Darüber hinaus hat N auch nichts vorgetragen, woraus sich eine **wirtschaftliche Unzumutbarkeit** sämtlicher Verhinderungsmaßnahmen ergeben könnte.

Folglich sind die Voraussetzungen des § 906 Abs. 2 S. 1 nicht erfüllt, sodass sich aus dieser Vorschrift keine Duldungspflicht für E ergibt.

Ein Anspruch aus § 906 Abs. 2 S. 2 besteht somit im **Ergebnis** mangels Duldungspflicht nicht.

---

192 BeckOK/Fritzsche § 906 Rn. 31.
193 Vgl. MünchKomm/Brückner § 906 Rn. 68.
194 BGH NJW 2018, 1010 = RÜ 2018, 156, 157.
195 Hk-BGB/Staudinger § 906 Rn. 11.
196 Vgl. Hk-BGB/Staudinger § 906 Rn. 11; a.A. BeckOK/Fritzsche § 906 Rn. 67.

Der verschuldensunabhängige nachbarrechtliche Ausgleichsanspruch analog § 906 Abs. 2 S. 2 hat folgende **Voraussetzungen:**

1. Anspruchsteller = Eigentümer oder Besitzer eines Grundstücks
2. Rechtswidrige Einwirkungen durch ein anderes Grundstück i.R.v. privatwirtschaftlicher Nutzung
3. Keine Duldungspflicht, aber gleichwohl keine Möglichkeit des Anspruchstellers, die Störung gemäß § 1004 Abs. 1 bzw. § 862 zu unterbinden.
4. Anspruchsgegner = Störer
5. Kausale Nachteile, die das zumutbare Maß entschädigungslos hinzunehmender Beeinträchtigungen übersteigen

B. Anspruch aus § 906 Abs. 2 S. 2 analog

Jedoch könnte E gegenüber N ein nachbarrechtlicher Ausgleichsanspruch gemäß § 906 Abs. 2 S. 2 analog zustehen.

I. Dafür müssten zunächst die **allgemeinen Voraussetzungen einer analogen Anwendung** erfüllt sein, da nur dann eine Norm über ihren Wortlaut hinaus anwendbar sein kann.

1. Betrachtet man § 906 für sich, so liegt eine **planwidrige Regelungslücke** sicherlich vor, denn in ihm ist die Entschädigung bei einer nicht ortsüblichen und nicht zu duldenden Beeinträchtigung nicht geregelt. Womöglich füllen die §§ 823 ff. diese Lücke aber vollständig aus. Denn mit § 906 Abs. 2 S. 2 würde das Verschuldenserfordernis der §§ 823 ff. unterlaufen, was dafür spricht, dass außerhalb des Wortlauts des § 906 das Deliktsrecht als geplanter spezieller Normbereich eine abschließende Regelung trifft. Dem ist aber entgegenzuhalten, dass §§ 823 ff. eine allgemeine deliktsrechtliche Bestimmung ist, die keine in sich geschlossene Regelung darstellt.[197] Dies wäre aber erforderlich, um die Anwendbarkeit anderer Haftungssysteme auszuschließen.

2. Zudem ist auch die **Interessenlage vergleichbar**. Wenn nämlich sogar der Duldungspflichtige bei einer ortsüblichen Benutzung nach dem Wortlaut des § 906 Abs. 2 S. 2 Entschädigung verlangen kann, dann muss dies erst recht demjenigen möglich sein, der unter einer nicht ortsüblichen Benutzung leidet, die er nicht einmal dulden muss.[198]

Die Voraussetzungen einer Analogie liegen also vor, die Norm ist anwendbar.

II. E als **Anspruchsteller** ist **Eigentümer** eines Grundstücks (s.o.).

III. Ferner gehen von dem benachbarten Grundstück des N auch **Einwirkungen auf das Grundstück** des E aus (s.o. unter A. III.), die auf einer privatwirtschaftlichen Nutzung beruhen. Diese sind auch rechtswidrig, weil die Bäume innerhalb des nach dem Landesrecht geschützten Grenzbereichs stehen und die Benutzung des Grundstücks des E wesentlich beeinträchtigen (s.o.).

IV. Einer Duldungspflicht des Anspruchstellers bedarf es – anders als im unmittelbaren Anwendungsbereich des § 906 Abs. 2 S. 2 – gerade nicht. Stattdessen ist aber erforderlich, dass der **Anspruchsteller** aus einem anderen, besonderen Grund **an der Abwehr der Beeinträchtigung gehindert** ist.

1. E hat hier keine Möglichkeit mehr, von N Beseitigung der Bäume und somit eine Beendigung der Beeinträchtigungen zu verlangen. Er ist also an der Abwehr der Beeinträchtigung gehindert.

2. Grund dafür ist allerdings, dass E die sich aus Landesrecht ergebende Ausschlussfrist für einen unmittelbar auf Unterlassung/Beseitigung gerichteten Anspruch (bspw. aus § 1004 Abs. 1) versäumt hat.

---

197 BGHZ 198, 327 = RÜ 2014, 8, 9.

198 Vgl. zum Ganzen Hk-BGB/Staudinger § 906 Rn. 22.

Es fragt sich also, ob ein Grundstückseigentümer auch dann Ausgleich nach § 906 Abs. 2 S. 2 verlangen kann, wenn er für das Fehlen anderweitiger Abwehrmöglichkeiten gewissermaßen selbst verantwortlich ist. Gegen einen solchen Ausgleichsanspruch ließe sich insofern anführen, der Eigentümer habe es doch selbst in der Hand gehabt, den Baumwuchs als Ursache der Beeinträchtigungen durch rechtzeitige Geltendmachung eines Abwehranspruchs nach § 1004 zu verhindern.
Dem lässt sich jedoch entgegenhalten, dass so der Zweck des landesnachbarrechtlichen Anspruchsausschlusses überdehnt würde. Denn der bloße Ausschluss von Beseitigungs-/Unterlassungsansprüchen sagt für sich genommen noch nichts darüber aus, ob der Nachbar, der in seinem Eigentum wesentlich und über das zumutbare Maß hinaus beeinträchtigt wird, dies auch entschädigungslos hinzunehmen hat.[199] Außerdem würde ein Ausschluss des Anspruchs aus § 906 Abs. 2 S. 2 auch zu dem widersprüchlichen Ergebnis führen, dass mitunter derjenige, der – da die erforderlichen Abstände zur Grundstücksgrenze eingehalten wurden – von Beginn an nicht Beseitigung verlangen kann, nach § 906 Abs. 2 S. 2 Ausgleich verlangen könnte, wohingegen ein Ausgleichsanspruch in einer identischen Situation, wobei die Abstände allerdings nicht eingehalten wurden, ausgeschlossen wäre.[200]

Die besseren Argumente sprechen folglich dafür, dass auch in dieser Konstellation ein Anspruch aus § 906 Abs. 2 S. 2 nicht ausgeschlossen ist.

V. Ferner müsste N als **Anspruchsgegner** auch **Störer** sein.

(Handlungs-)Störer ist, auf wen sich die Störung kausal (äquivalent und adäquat) zurückführen lässt. N hat die Bäume jedoch nicht selbst gepflanzt und ist daher **kein Handlungsstörer**.
Als Eigentümer des Grundstücks und der Bäume als dessen wesentliche Bestandteile (§§ 93, 94 Abs. 1 S. 2) könnte N aber **Zustandsstörer** sein. Eigentum oder Besitz an einer Sache genügen für sich genommen allerdings noch nicht zur Begründung einer Störereigenschaft. Vielmehr ist im jeweiligen Einzelfall festzustellen, ob es Sachgründe dafür gibt, dem Grundstückseigentümer oder -besitzer die Verantwortung für das Geschehen aufzuerlegen.[201] Maßgebend sind dabei insbesondere auch die Grundsätze des öffentlichen und privaten Nachbarrechts, sodass es nicht zuletzt darauf ankommt, ob das emittierende Grundstück im Rahmen einer ordnungsgemäßen Bewirtschaftung genutzt wird. An einer solchen fehlt es jedoch gerade, wenn die nach Landesnachbarrecht vorgeschriebenen Grenzabstände für Anpflanzungen – wie hier – nicht eingehalten sind.[202] Dass hiergegen wegen Fristablaufs nicht mehr unmittelbar vorgegangen werden kann, steht dem nach den obigen Ausführungen nicht entgegen.
Folglich stellt der Verstoß gegen die Abstandsvorschriften einen Sachgrund dafür dar, dem N die Verantwortung für das Geschehen aufzuerlegen, sodass er Zustandsstörer i.S.v. § 906 Abs. 2 S. 2 analog ist.

---

199 So im Ergebnis BGH NJW 2018, 1010 = RÜ 2018, 156, 157.
200 BGH NJW 2018, 1010 = RÜ 2018, 156, 157.
201 BGH RÜ 2020, 86, 88 wenngleich i.R.v. § 1004 Abs. 1 S. 2.
202 BGH RÜ 2020, 86, 88.

Als Störer ist N mithin der richtige Anspruchsgegner.

VI. Indem E dazu gezwungen ist, gerade wegen des Laubfalls die Dachrinnen und Abläufe häufiger als üblich zu reinigen, sind ihm außerdem auch **kausale Nachteile** entstanden, die das zumutbare Maß einer entschädigungslos hinzunehmenden Beeinträchtigung übersteigen.

E steht gegenüber N daher im **Ergebnis** ein nachbarrechtlicher Anspruch auf Ausgleich für den ihm entstandenen finanziellen Aufwand aus § 906 Abs. 2 S. 2 analog zu.

Abwandlung:

Auch hier kommt ein nachbarrechtlicher Ausgleichsanspruch des E gegenüber N aus **§ 906 Abs. 2 S. 2 analog** in Betracht.

I. E ist Eigentümer eines Grundstücks, dessen Nutzung durch rechtswidrige und wesentliche Einwirkungen durch ein anderes Grundstück i.R.e. privatwirtschaftlichen Nutzung beeinträchtigt wird, wobei zwar keine Duldungspflicht nach § 906 Abs. 2 S. 1 besteht, E als Eigentümer aber aus anderen Gründen daran gehindert ist, die Beeinträchtigung abzuwehren (s.o.).

II. N müsste aber auch **Störer** i.d.S. sein.

Zwar ist N nicht Handlungsstörer (s.o.). Als Eigentümer des Grundstücks könnte er allerdings Zustandsstörer sein. Dafür müssen unter Würdigung der Umstände des Einzelfalls Sachgründe dafür vorliegen, dem Grundstückseigentümer die Verantwortung aufzuerlegen (s.o.). Einer Eigenschaft als Zustandsstörer infolge seiner Eigentümerstellung könnte hier trotz Verstoßes gegen die Abstandsvorschriften – anders als im Ausgangsfall – jedoch entgegenstehen, dass E die Fällung der Bäume beantragt hat und ihm die hierfür erforderliche **Genehmigung von der zuständigen Stadt nicht erteilt** wurde.

Bei wertender Betrachtung ergibt sich, dass N – würde er trotz dessen als Handlungsstörer angesehen – finanziellen Ausgleich für eine Beeinträchtigung leisten müsste, die er weder selbst herbeigeführt hat noch beseitigen bzw. beenden darf. Es erscheint daher unbillig, ihm in einer solchen Situation die ihm sonst aus einer analogen Anwendung des § 906 Abs. 2 S. 2 resultierenden finanziellen Lasten aufzubürden.
Ein nachbarrechtlicher Ausgleichsanspruch analog § 906 Abs. 2 S. 2 ist daher ausgeschlossen, falls sonstiges Recht dem Störer verbietet, die Einwirkungen auf das andere Grundstück abzustellen.[203]

N ist somit im Ergebnis nicht als Zustandsstörer anzusehen und mithin kein tauglicher Anspruchsgegner i.S.v. § 906 Abs. 2 S. 2 analog.

Im **Ergebnis** steht E daher kein Anspruch auf Ausgleich für den ihm entstandenen finanziellen Aufwand zu.

---

203 Vgl. BGH NJW 2018, 1010 = RÜ 2018, 156, 157.

STICHWORTVERZEICHNIS

Die Zahlen verweisen auf die Seiten.

RÜ
Ihre Examensfälle von morgen
RechtsprechungsÜbersicht
Ihre Examensfälle von morgen – schon heute in der RÜ!
Von erfahrenen Repetitoren ausgewählte Entscheidungen im Gutachtenstil gelöst. Genau so, wie Sie den Fall in Ihrer Examensklausur lösen müssen!
Probeheft bestellen unter: as.info@alpmann-schmidt.de